Peter Boerboom und Tim Proetel

Farbe: Material und Wirkung

Haupt
GESTALTEN

Peter Boerboom und Tim Proetel

Farbe: Material und Wirkung

wahrnehmen und experimentieren

Haupt Verlag

Farbe in ihrer Materialität und als Erscheinung

Farben sind auffällig, sinnlich und einprägsam. Sie schmücken, beruhigen, berühren oder verwirren. Manchmal überwältigen sie uns und wir berauschen uns an ihnen. Im Alltag orientieren wir uns mit Farben, über sie erhalten wir Informationen und setzen sie ein, um Darstellungen zu klären oder um Aufmerksamkeit zu erzeugen. Tief verwurzelt ist dabei die psychologische Wirkung bestimmter Farben, und ihre Symbolik ist von archetypischer Kraft. Beides begündet sich in elementaren Erfahrungen von Wärme und Kälte, von Lebendigem und Leblosem sowie von Kostbarem und Wertlosem. Dennoch bleibt das Empfinden von Farben und vor allem von Farbkombinationen dem subjektiven Gefallen und einem sich wandelnden Zeitgeschmack unterworfen.

Immer schon beschäftigte Farbe Künstler, Gestalter und Wissenschaftler in je eigener Weise. Die Künstler, um Bilder zu schaffen, in denen Farben Bedeutung entfalten. Die Gestalter, die die Welt der Dinge lustvoller machen, die Wahrnehmung lenken und mit Farbe Ordnung auf Plänen und in Gebäuden herstellen. Die Wissenschaftler, die das Entstehen von Farbe durch elektromagnetische Wellen erforschen. Bei der Suche nach Gesetzmäßigkeiten in dem weit verzweigten Komplex Farbe nutzen wir Systeme wie zum Beispiel Farbkreise als Hilfsmittel, um etwas Anarchisches und Emotionales für unser Denken fassbar zu machen.

Die hier vorliegende Sammlung an Experimenten, Studien und Übungen zum Gebrauch von Farbe will dazu einladen, die Möglichkeiten ihrer Verwendung in Bildern zu erkunden. Dabei spielt die Doppelnatur von Farbe stets eine wichtige Rolle: Zum einen ist sie Malmaterial, ob wässrig, pastos oder pulvrig; zum anderen ist sie immaterielle Erscheinung, ob leuchtend bunt, sanft oder gedeckt. Denn ihre eigentliche Kraft entfaltet sich zwischen diesen beiden Polen. Das Material Farbe wird im Bild gemischt und in Form gebracht und ist als solches wahrnehmbar. Als flüchtiges, nicht greifbares Licht erreicht die Farbe unseren Sehsinn, um Empfindungen und Bedeutungen auszulösen.

Grundfarben

Gelb, Blau und Rot bezeichnen wir als Grundfarben. Wir empfinden sie als reine Töne, die sehr klar voneinander getrennt sind. Gelb ist die hellste Grundfarbe, dem Licht sehr nahe. Schon kleine Beigaben von anderen Farben verändern und verunreinigen es. Einen starken Kontrast zum leuchtenden Gelb bildet das ruhige, tiefe Blau mit einem breiten Spektrum an unterschiedlichen Tönen. Rot wird als sehr intensive, als emotionale Farbe mit vielfältigen, auch gegensätzlichen Bedeutungen wahrgenommen: eine Farbe, die uns warm empfängt und auch kraftvoll entgegentritt. Grün kann als vierte Grundfarbe gelten, weil sie in der Natur eine zentrale Rolle einnimmt und in ihrer Wirkung eine große Eigenständigkeit besitzt. Die genaue Bestimmung der Grundfarben ist ein schwieriges Unterfangen: Welche exakten Farbtöne sind gemeint, wenn wir von Gelb, Blau, Rot oder Grün sprechen?

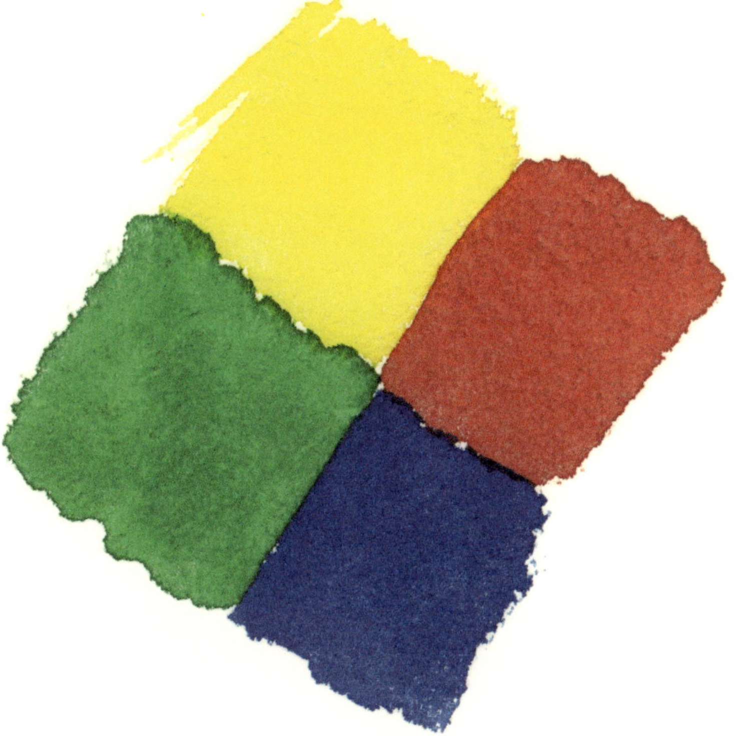

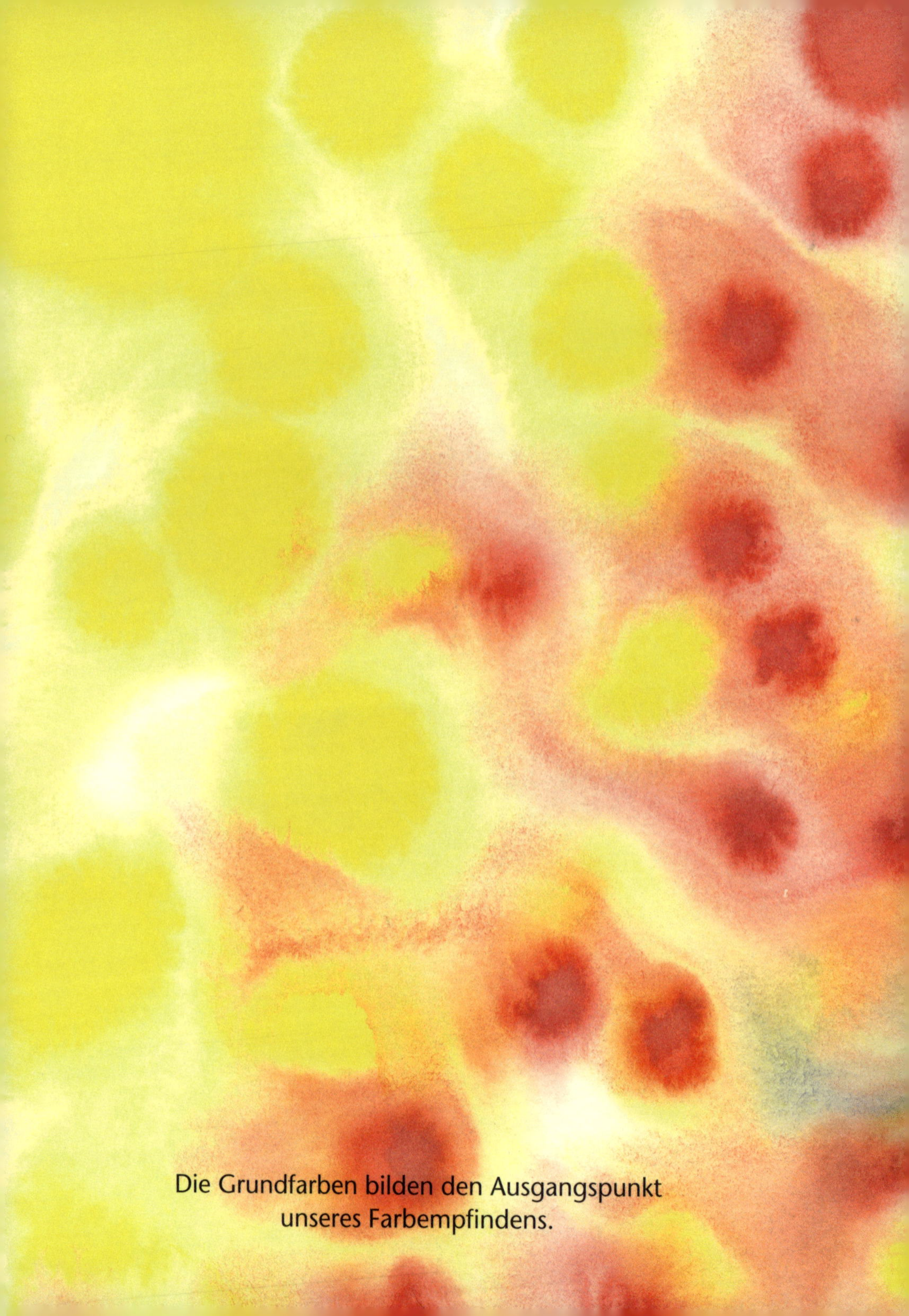

Die Grundfarben bilden den Ausgangspunkt
unseres Farbempfindens.

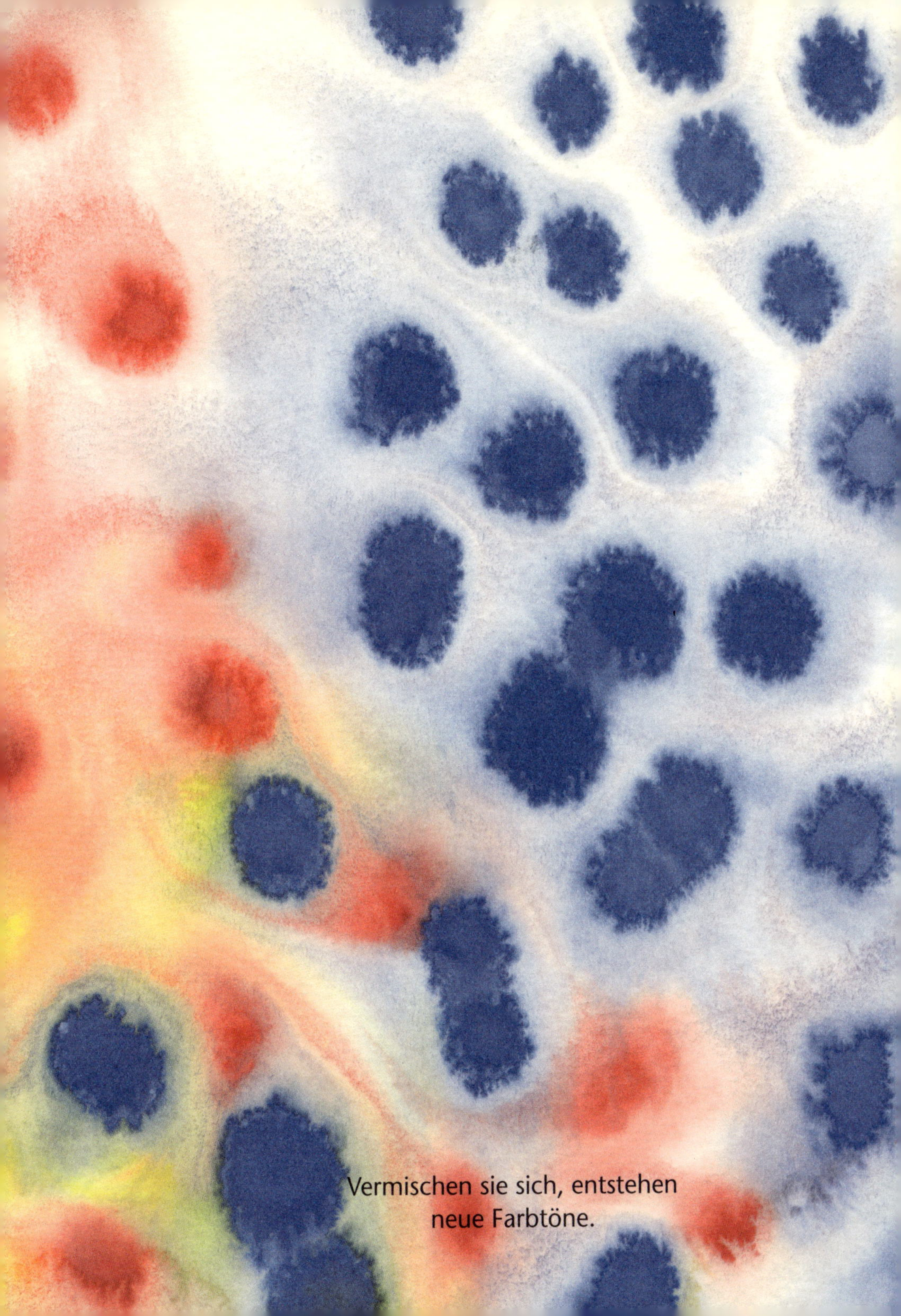

Vermischen sie sich, entstehen
neue Farbtöne.

Rot birgt von allen Farben das breiteste Spektrum an Signalen, Assoziationen und Bedeutungen. Sie reichen von kraftvoller Lebendigkeit über Macht bis hin zu Gefahr. In seiner Wirkung ist Rot sehr unmittelbar.

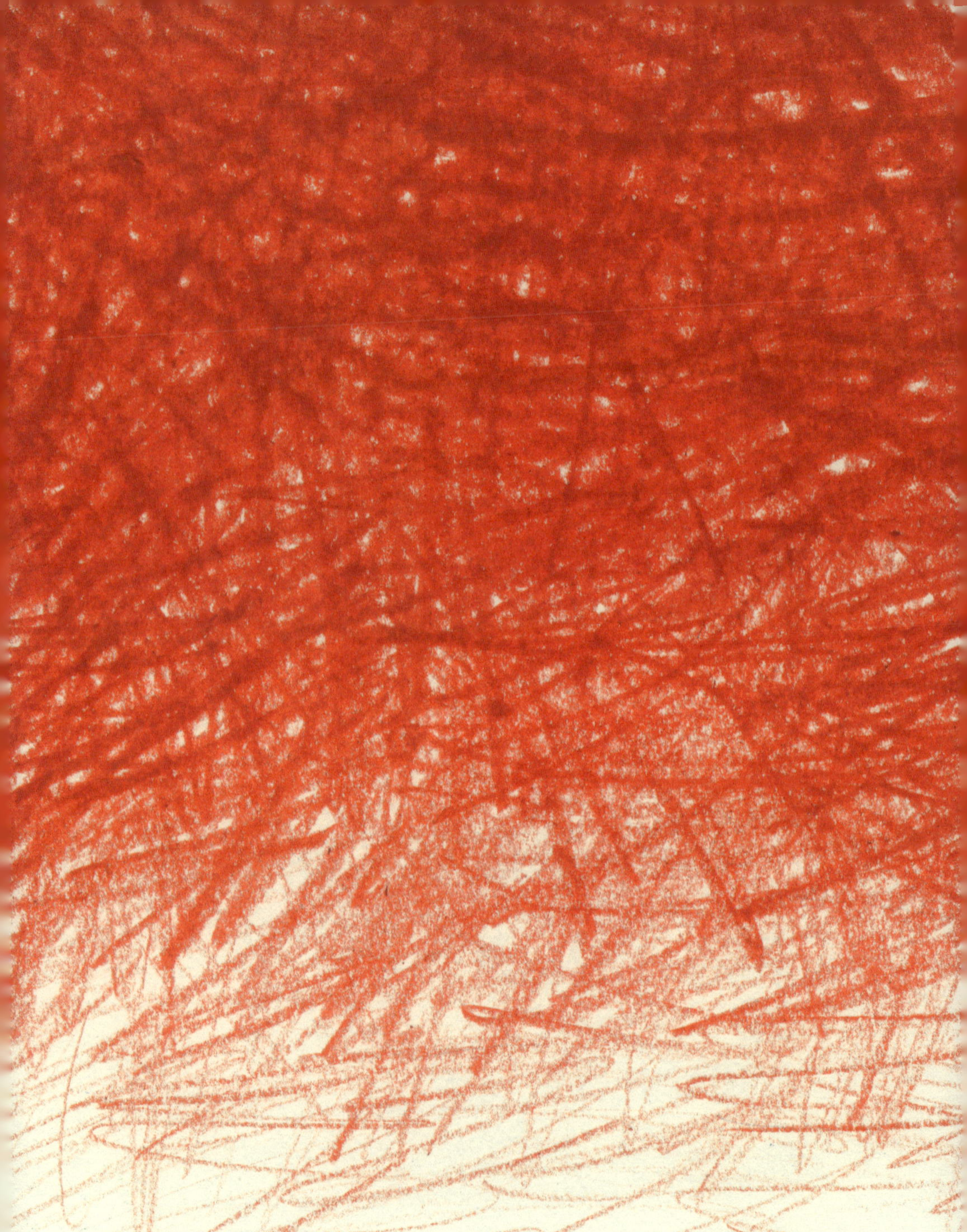

Das impulsive Rot hat einen starken Aufforderungscharakter, dem man sich kaum entziehen kann – eine anstrengende Farbe?

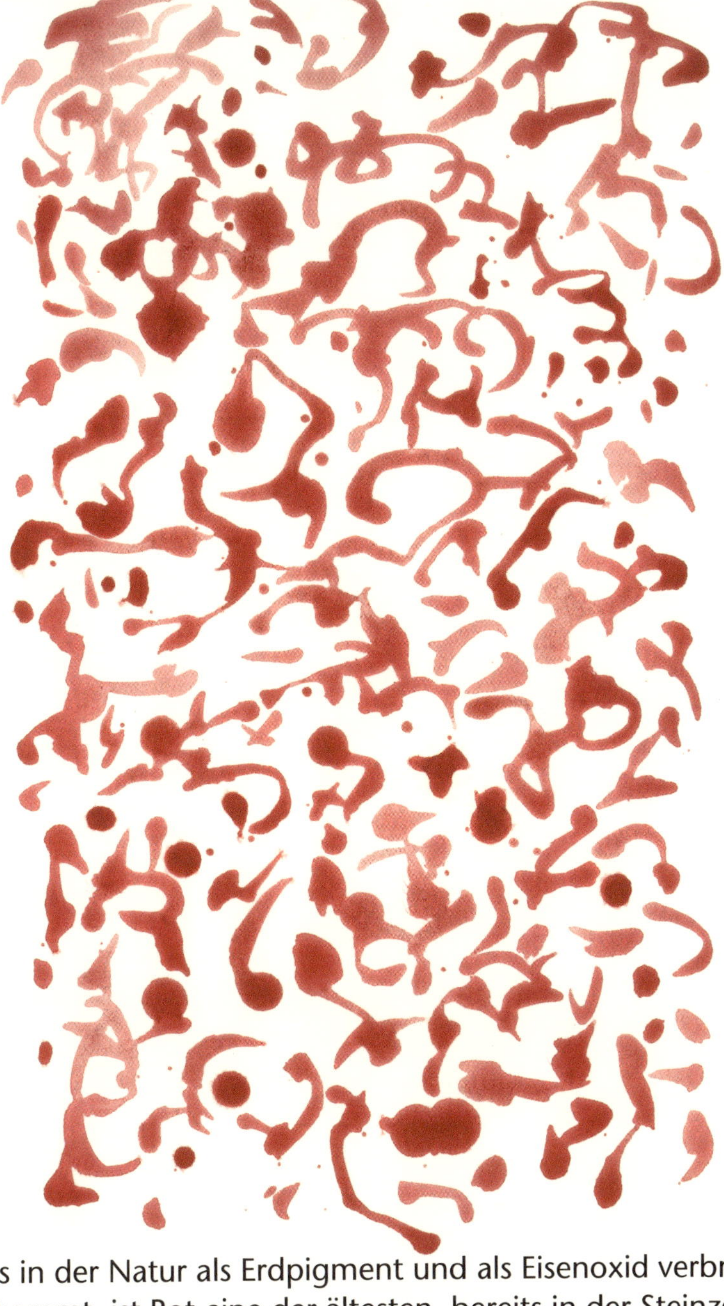

Weil es in der Natur als Erdpigment und als Eisenoxid verbreitet vorkommt, ist Rot eine der ältesten, bereits in der Steinzeit verwendeten Malfarben. In der Antike wurde natürliches Zinnober in Bergwerken abgebaut, und die Araber kannten seine künstliche Herstellung schon im neunten Jahrhundert.

Den stärksten emotionalen Gegensatz zu Rot bildet das Blau:
Es gibt sich ruhig und beständig.

Die mit Blau verbundene Vorstellung von Weite und Freiheit hat ihren Ursprung in der Wahrnehmung von Meer und Himmel

Auch Sehnsucht, Traurigkeit und Geheimnis gehören ins Bedeutungs-spektrum von Blau – das damit keinesfalls vollständig wäre.

Intensiv blaue Pigmente waren im Altertum kostbar, die Gewinnung von echtem Ultramarin war extrem aufwendig. Erst als im 19. Jahrhundert die chemische Herstellung gelang, kam es zu einer inflationären Ausbreitung leuchtend blauer Himmel in der Malerei. Im Mittelalter wurde der Himmel dagegen meist golden interpretiert.

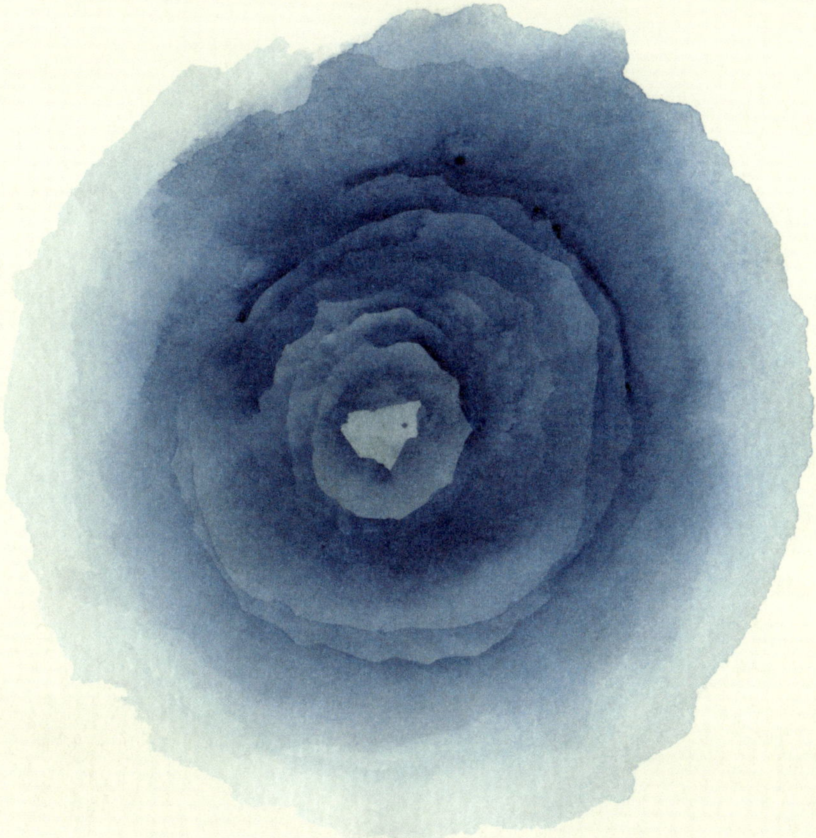

Gelb fällt auf. Es steht für Heiterkeit und für Licht. Obgleich wir die Sonne nicht wirklich gelb sehen, stellt sich die Assoziation unwillkürlich ein.

Zartes, helles Gelb wirkt sehr immateriell.
Je dichter, desto körperhafter die Farbe.

Dem Gold in seiner Strahlkraft ähnlich, ist Gelb dennoch von dessen edler Wirkung weit entfernt. Unter Zugabe einer anderen Farbe verliert es schnell an Reinheit, der Schritt ins Orange, Grün oder Braun ist nie weit.

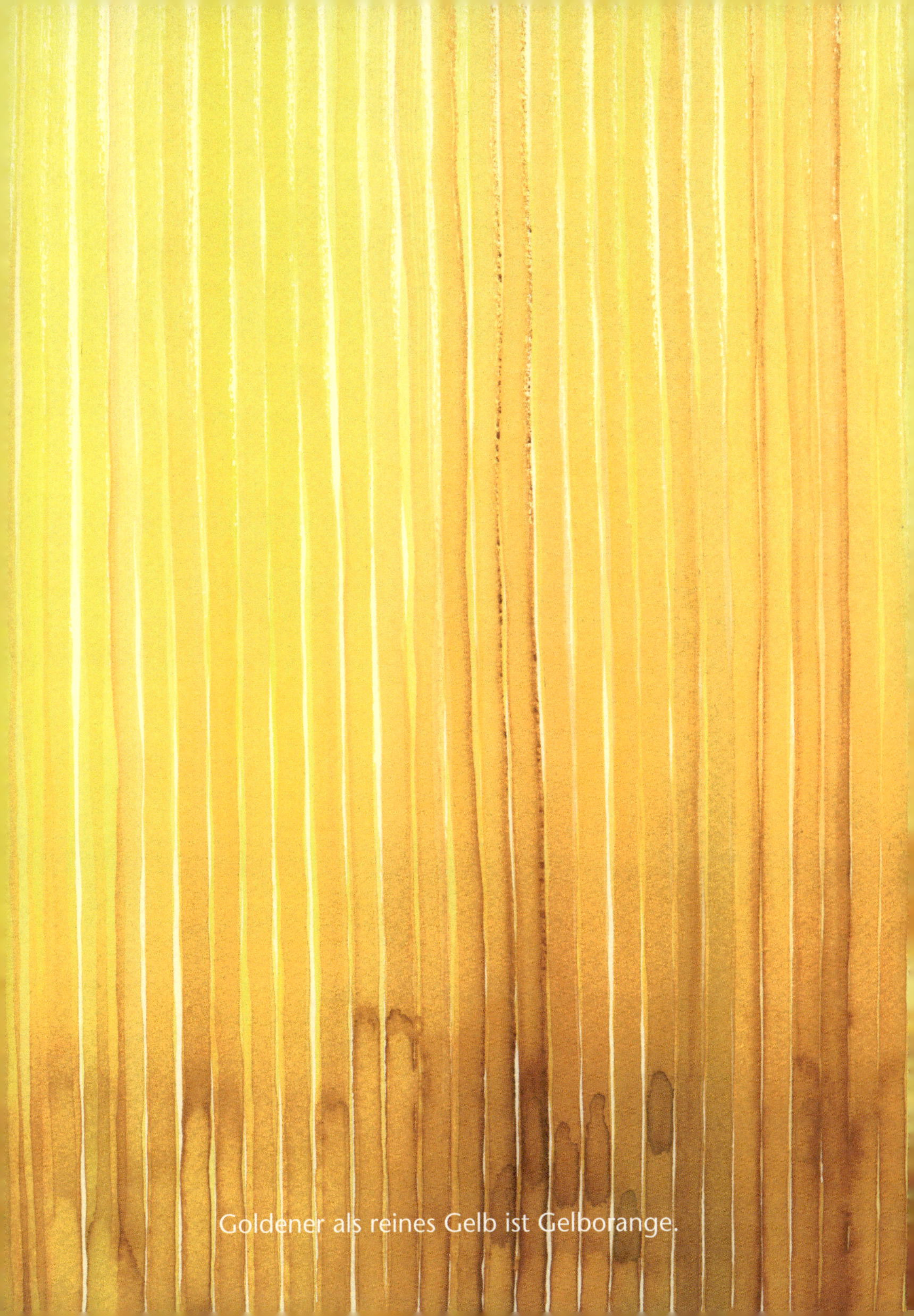

Goldener als reines Gelb ist Gelborange.

Dem Grün kommt hinsichtlich seiner Nähe zur lebendigen Natur keine andere Farbe gleich. Obwohl es sich ohne große Probleme aus Gelb und Blau mischen lässt, hat es, mehr noch als Orange oder Violett, einen sehr eigenständigen Charakter.

Farbe auftragen

Malfarben sind Körperfarben: Substanzen aus Pigmenten und Bindemitteln. Pigmente werden zu Buntstiftminen oder zu Pastellkreiden gepresst, sie werden mit Gummiarabikum zu Aquarellfarben oder mit entsprechenden Bindemitteln zu Acryl- oder Ölfarben gebunden. Sie finden in kreidigen, wässrigen oder pastosen Malfarben Verwendung.

Farbe wird auf den Bildträger gestrichen, gepinselt, getupft, getropft, gespachtelt oder gesprüht; sie wird pastos deckend oder dünn lasierend, gleichmäßig oder unregelmäßig aufgetragen. Alles, womit sich Farbe übertragen lässt, wird zum Werkzeug, auch die bloßen Hände. Die Art des Farbauftrags erzählt vom bildnerischen Prozess, zeigt oder verbirgt die persönliche Handschrift, ist ruhig oder lebhaft, expressiv oder kontrolliert. Sie lässt den Betrachter teilhaben am Entstehen des Bildes, auch lange nachdem dies abgeschlossen ist.

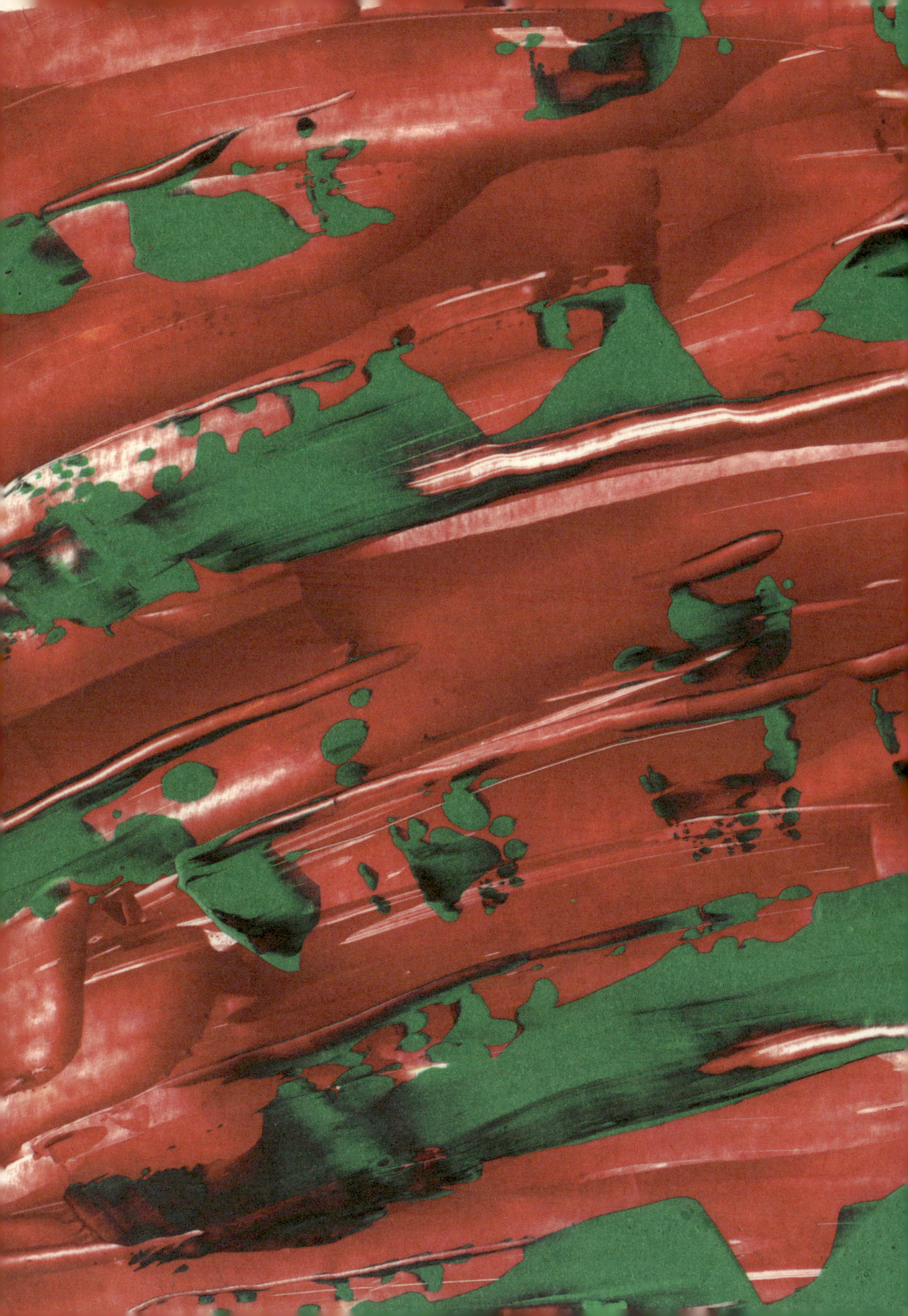

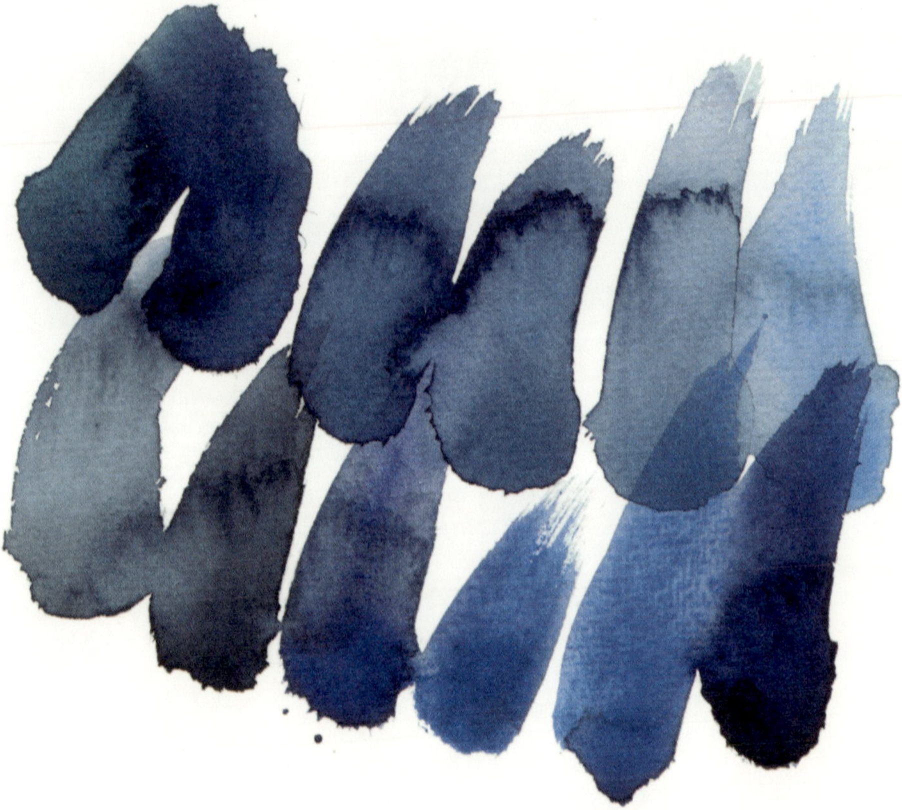

Intensität, Dichte und Transparenz lassen sich in fast allen malerischen Techniken durch Verdünnen steuern.

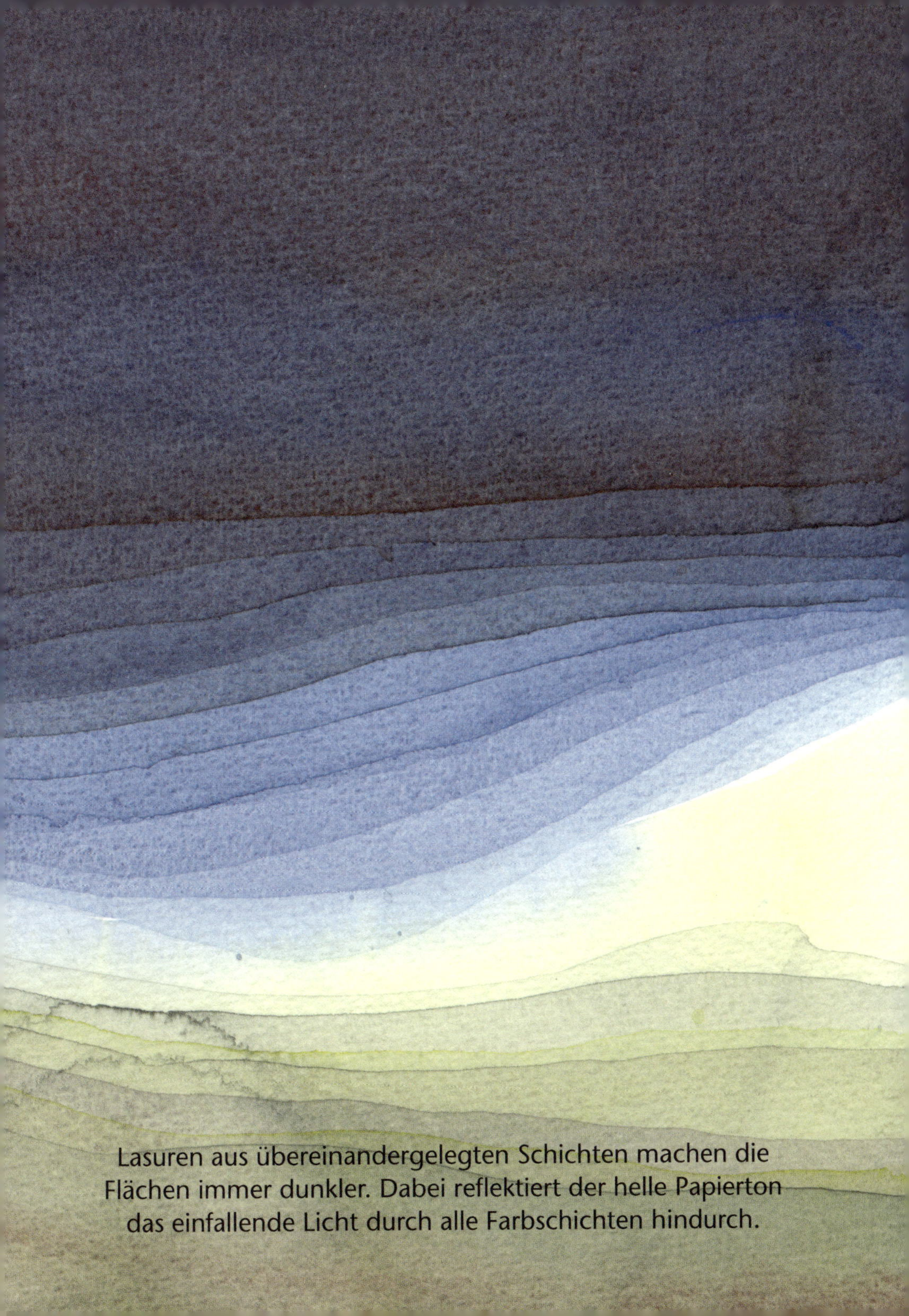

Lasuren aus übereinandergelegten Schichten machen die Flächen immer dunkler. Dabei reflektiert der helle Papierton das einfallende Licht durch alle Farbschichten hindurch.

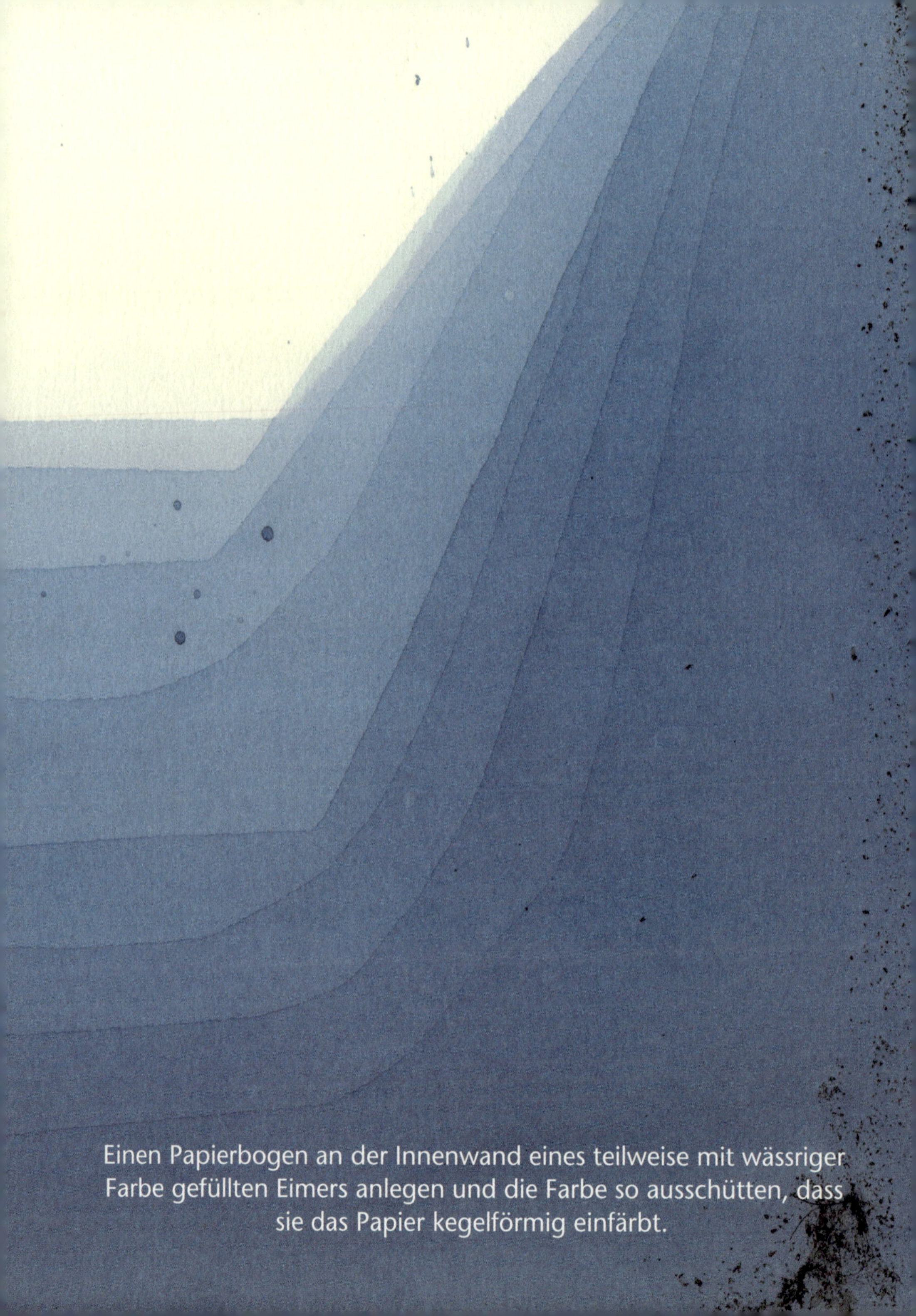

Einen Papierbogen an der Innenwand eines teilweise mit wässriger Farbe gefüllten Eimers anlegen und die Farbe so ausschütten, dass sie das Papier kegelförmig einfärbt.

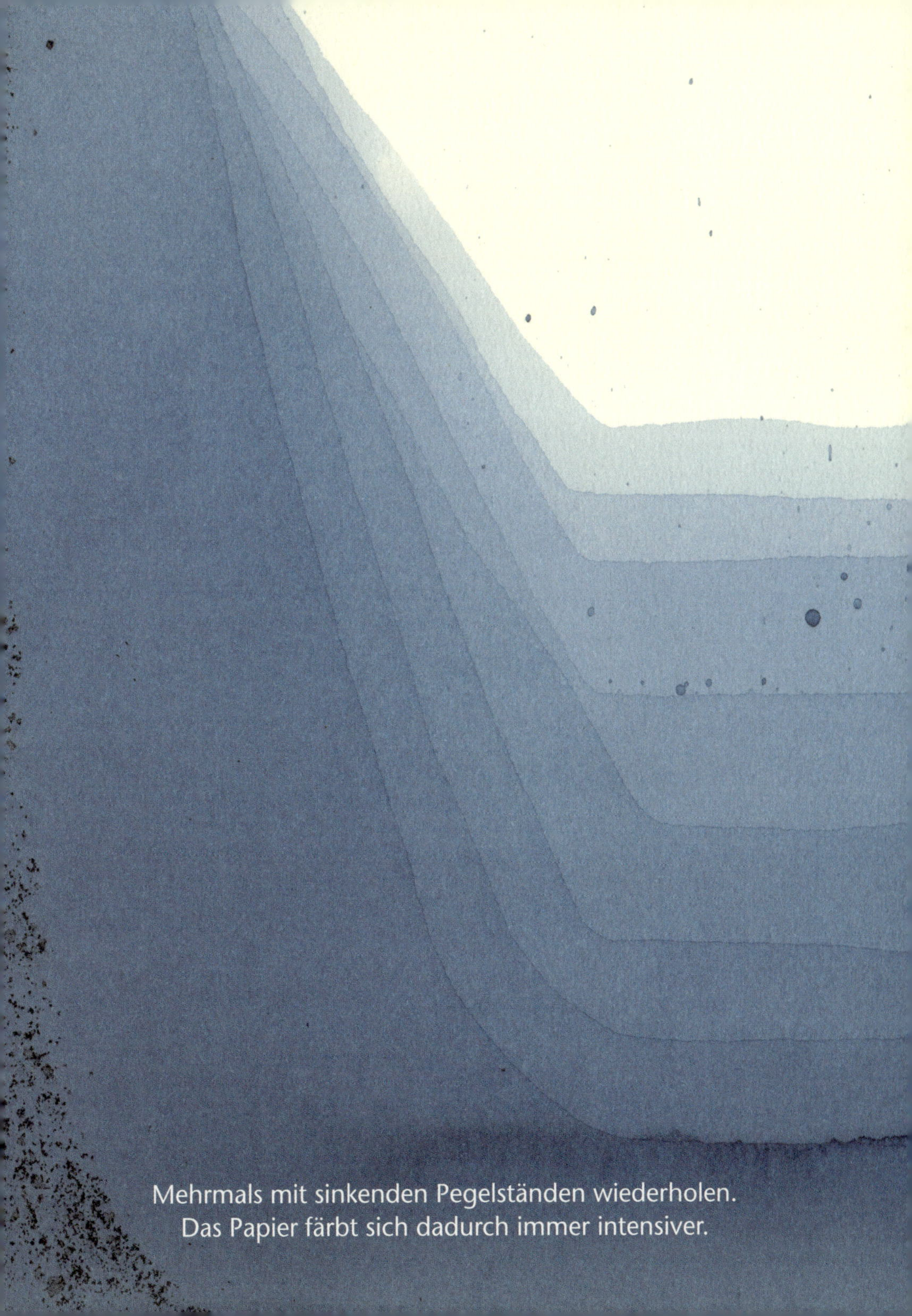

Mehrmals mit sinkenden Pegelständen wiederholen.
Das Papier färbt sich dadurch immer intensiver.

Wasservermalbare Buntstifte: linear und flächig zugleich.

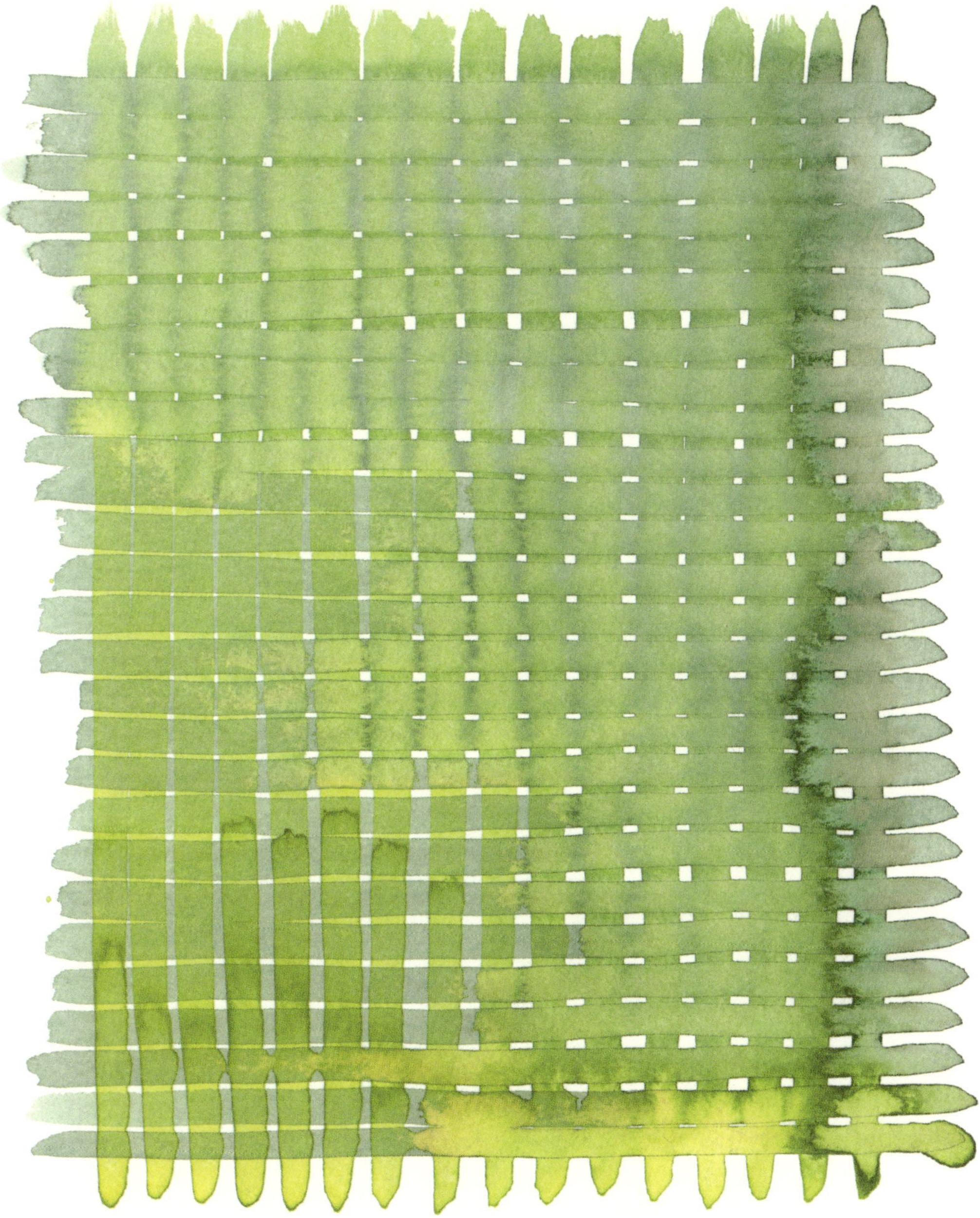

Oft sind beim Aquarellieren manche Bereiche bereits trocken, während andere noch nass sind. In den nassen Partien verläuft die Farbe, in den trockenen bleibt sie stehen.

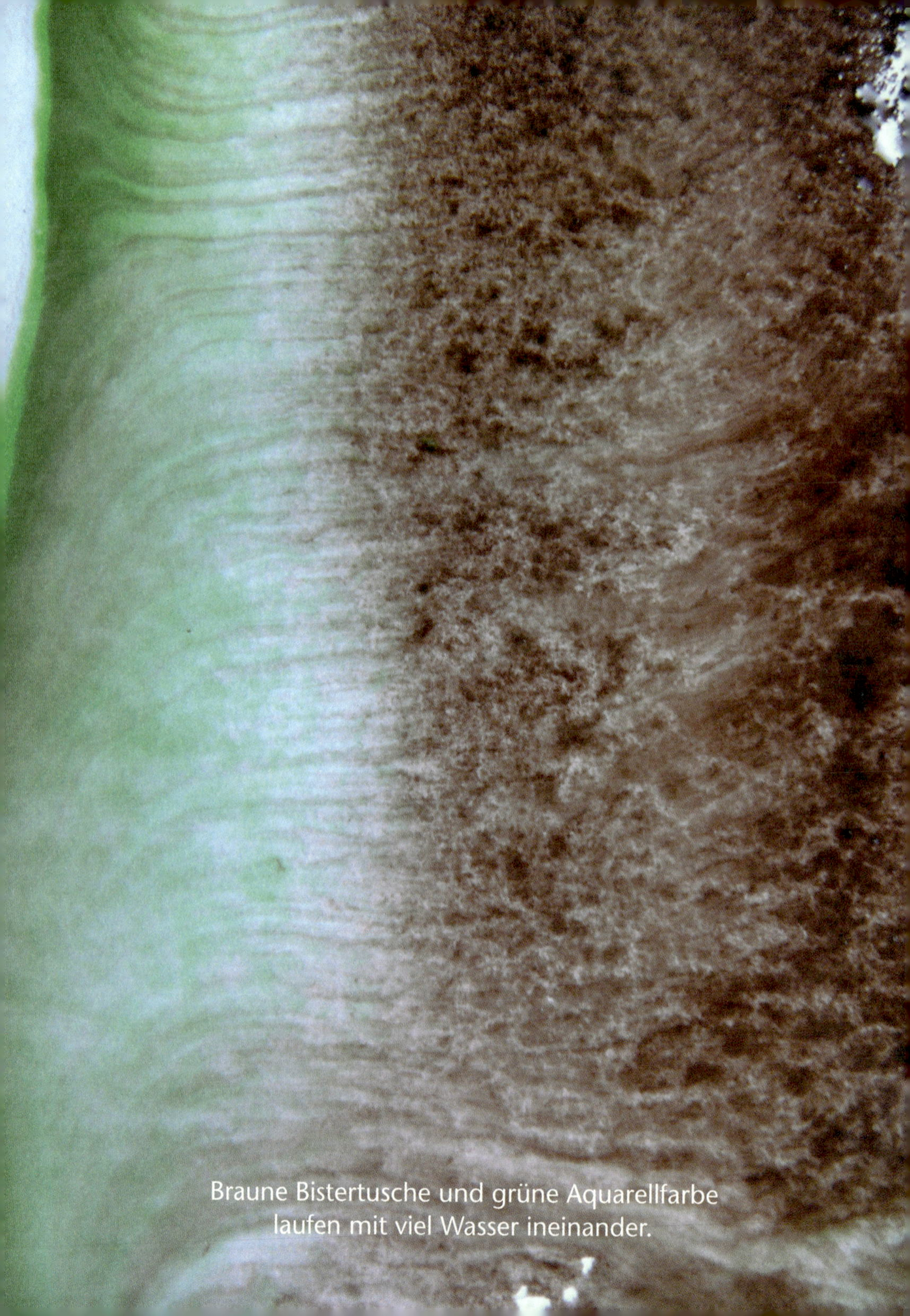

Braune Bistertusche und grüne Aquarellfarbe laufen mit viel Wasser ineinander.

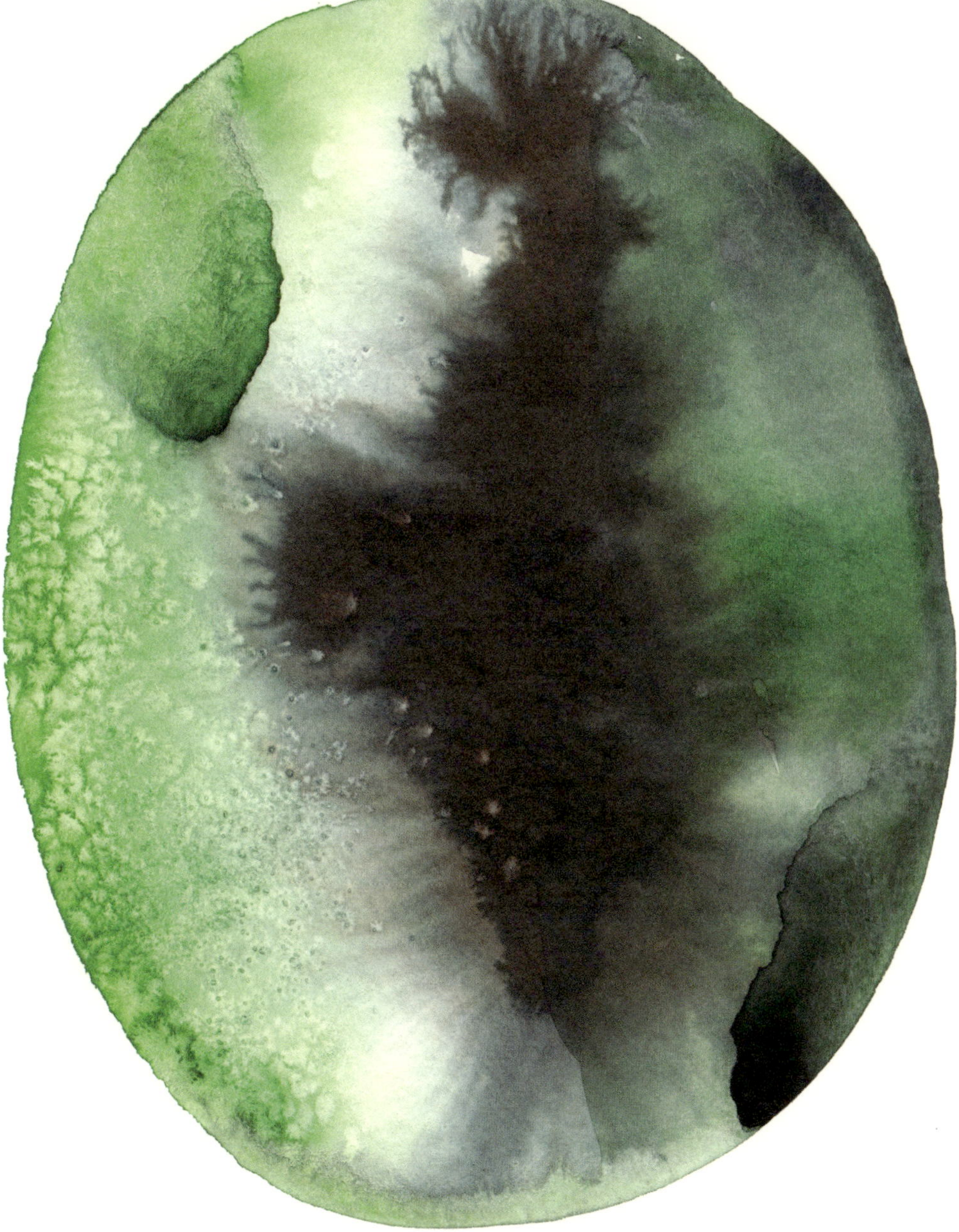

Wenn Papier und Farbe trocknen, kommt der Prozess des Ineinanderlaufens zur Ruhe und friert ein. Eingestreute Salzkristalle erzeugen die fleckenartigen Ausblühungen.

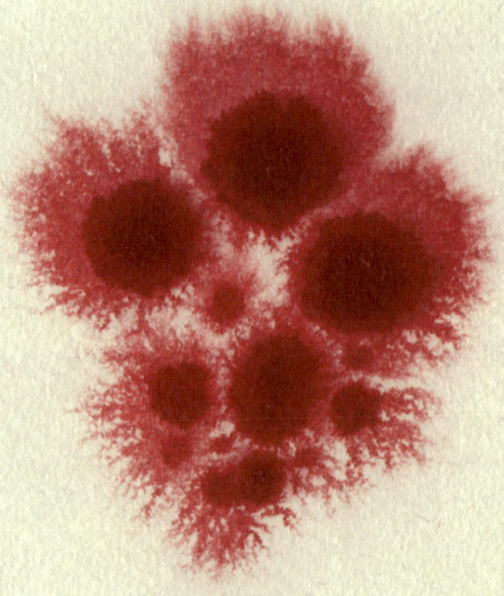

Rote Tusche auf angefeuchtetem Papier ausbluten.

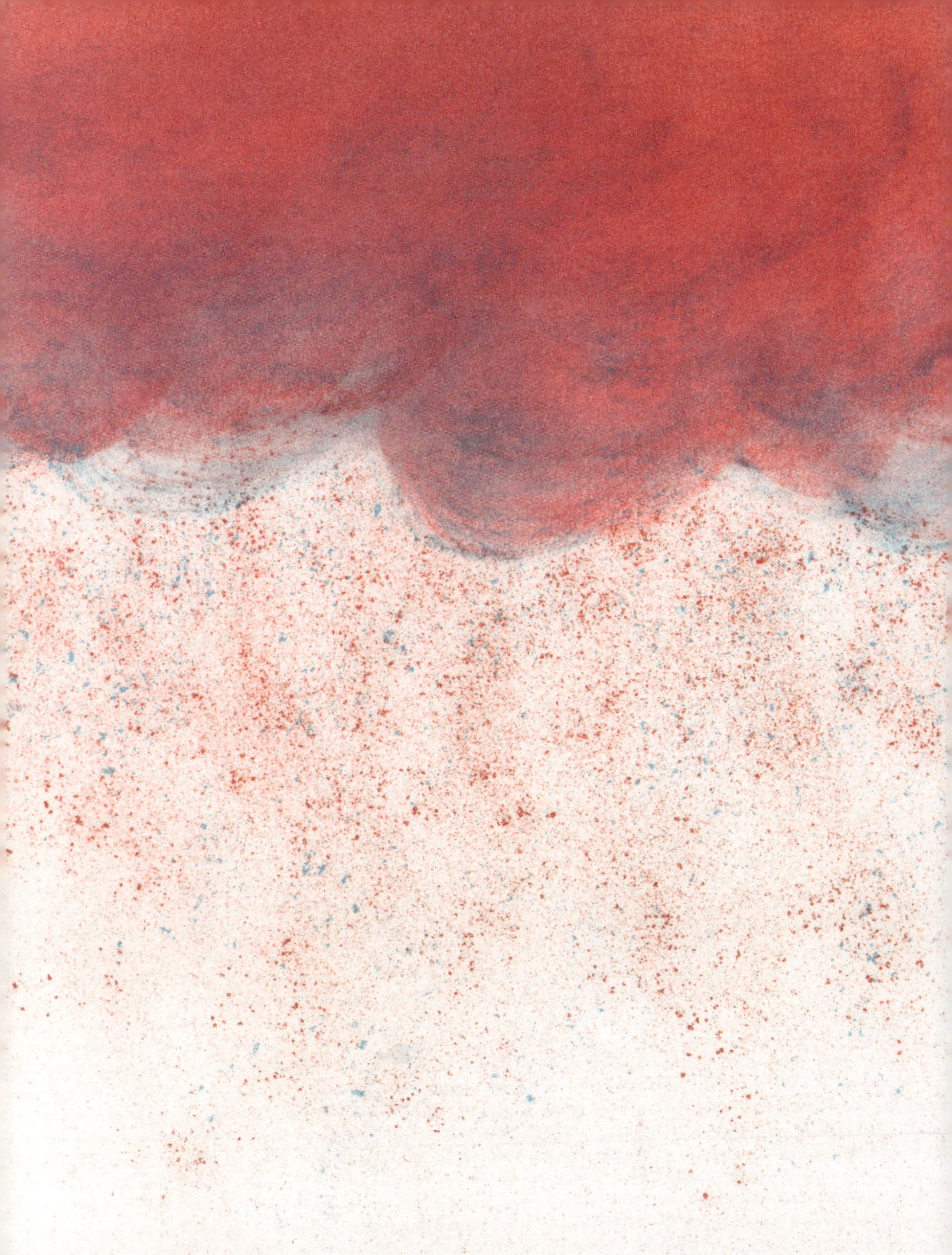

Reines Pigment mit den Fingerspitzen verreiben – oder stehen lassen.

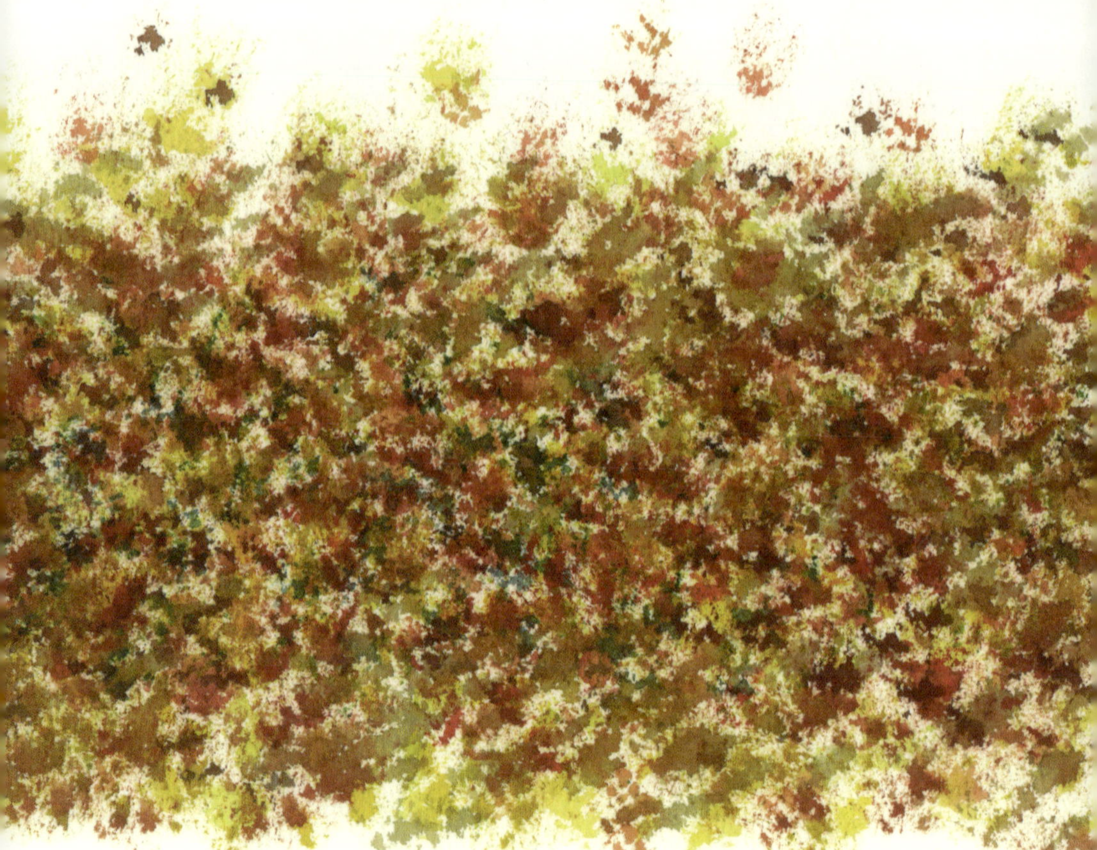

Vibrierend: rhythmisch den Pinsel von oben stupfen.

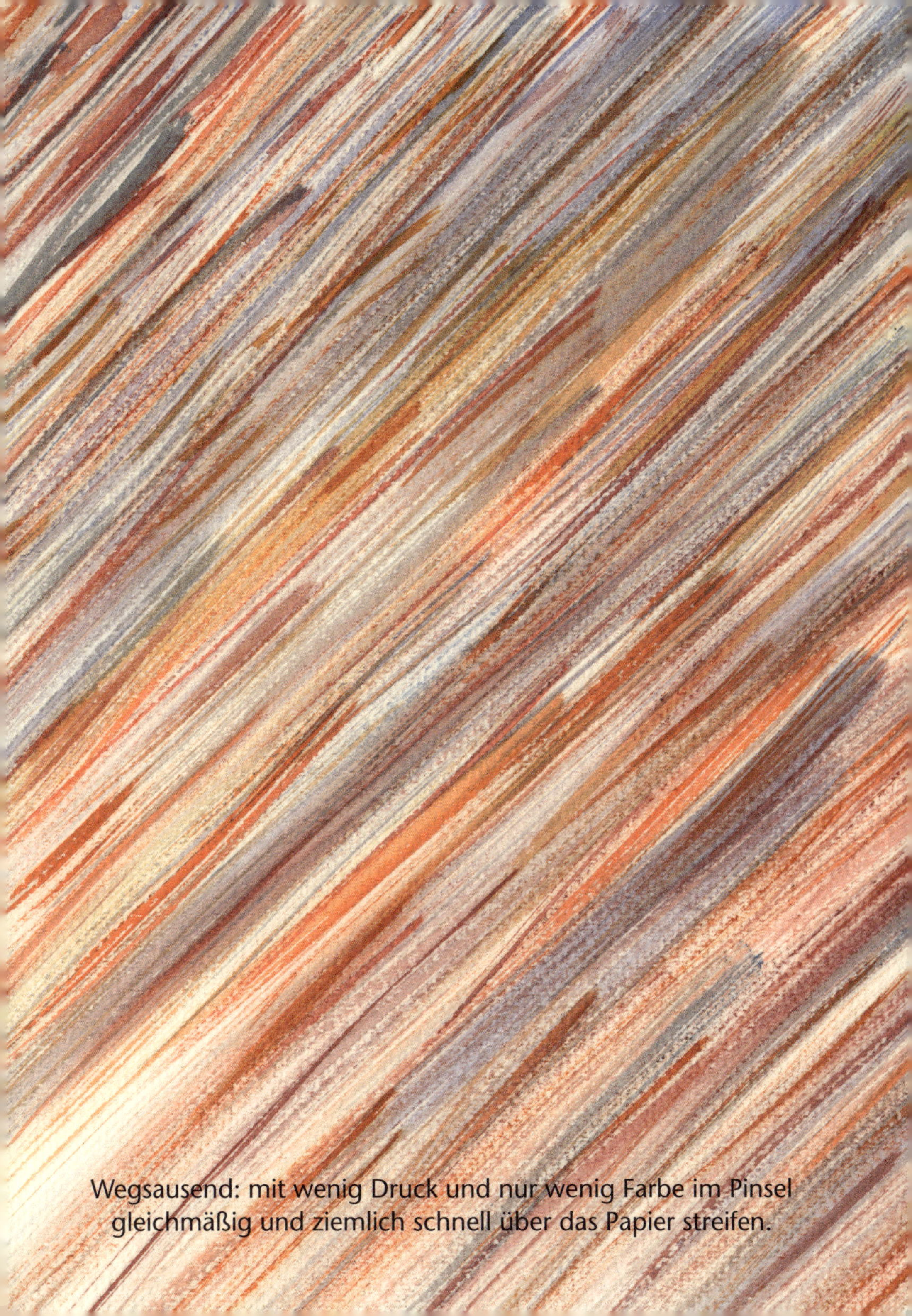

Wegsausend: mit wenig Druck und nur wenig Farbe im Pinsel gleichmäßig und ziemlich schnell über das Papier streifen.

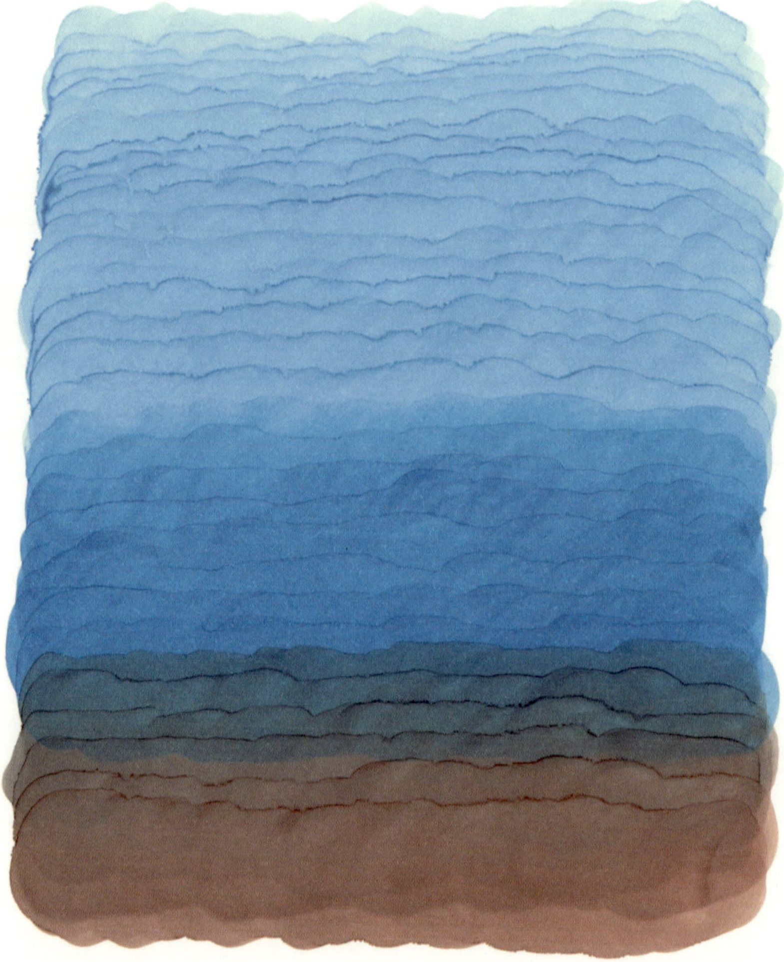

Auch Markerspuren und -tupfer hinterlassen transparente Farbschichten. Überlagern sie sich, scheinen die unteren Schichten durch, die Ränder bleiben deutlich: fast aquarellartig.

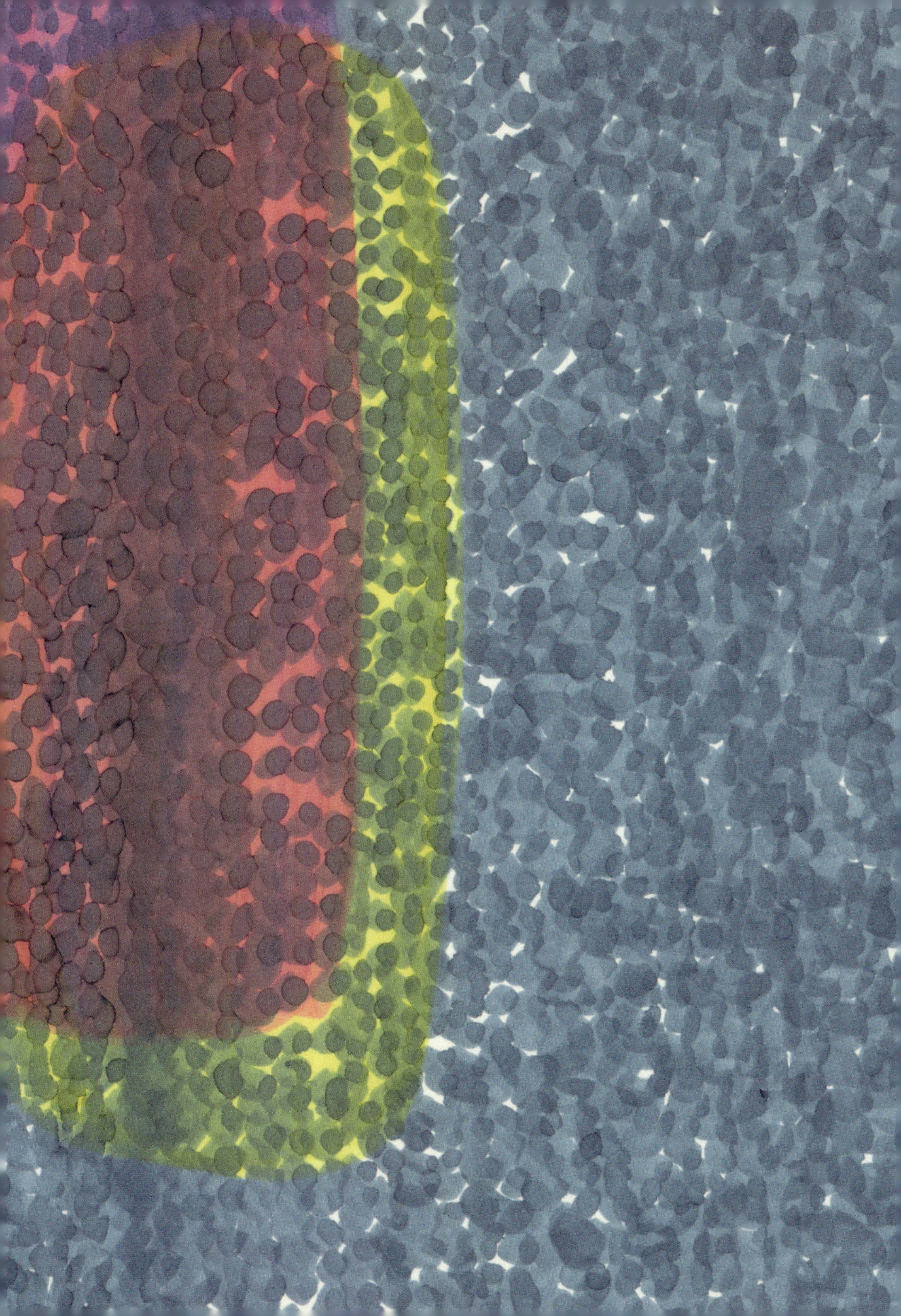

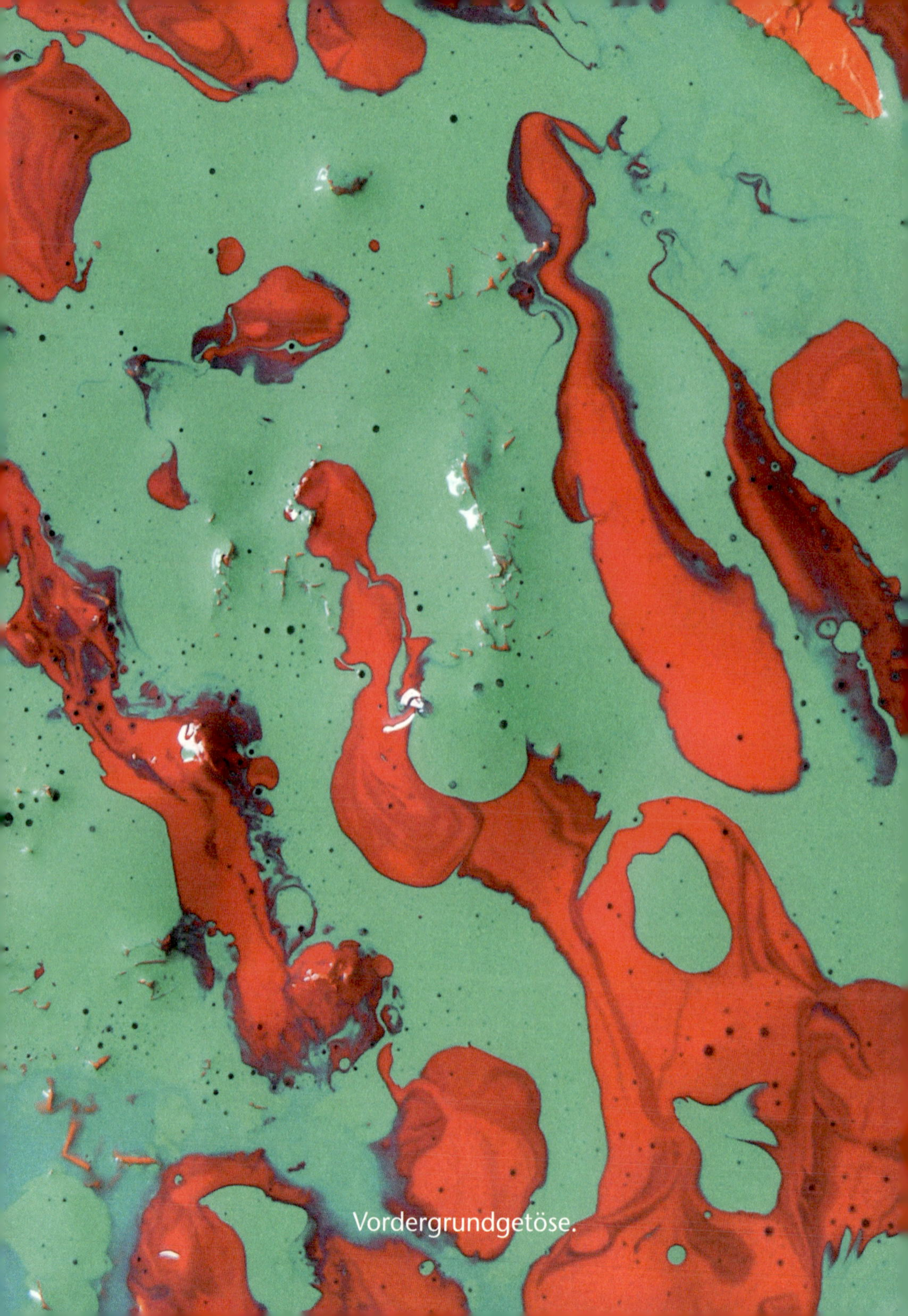
Vordergrundgetöse.

Hintergrundrauschen.

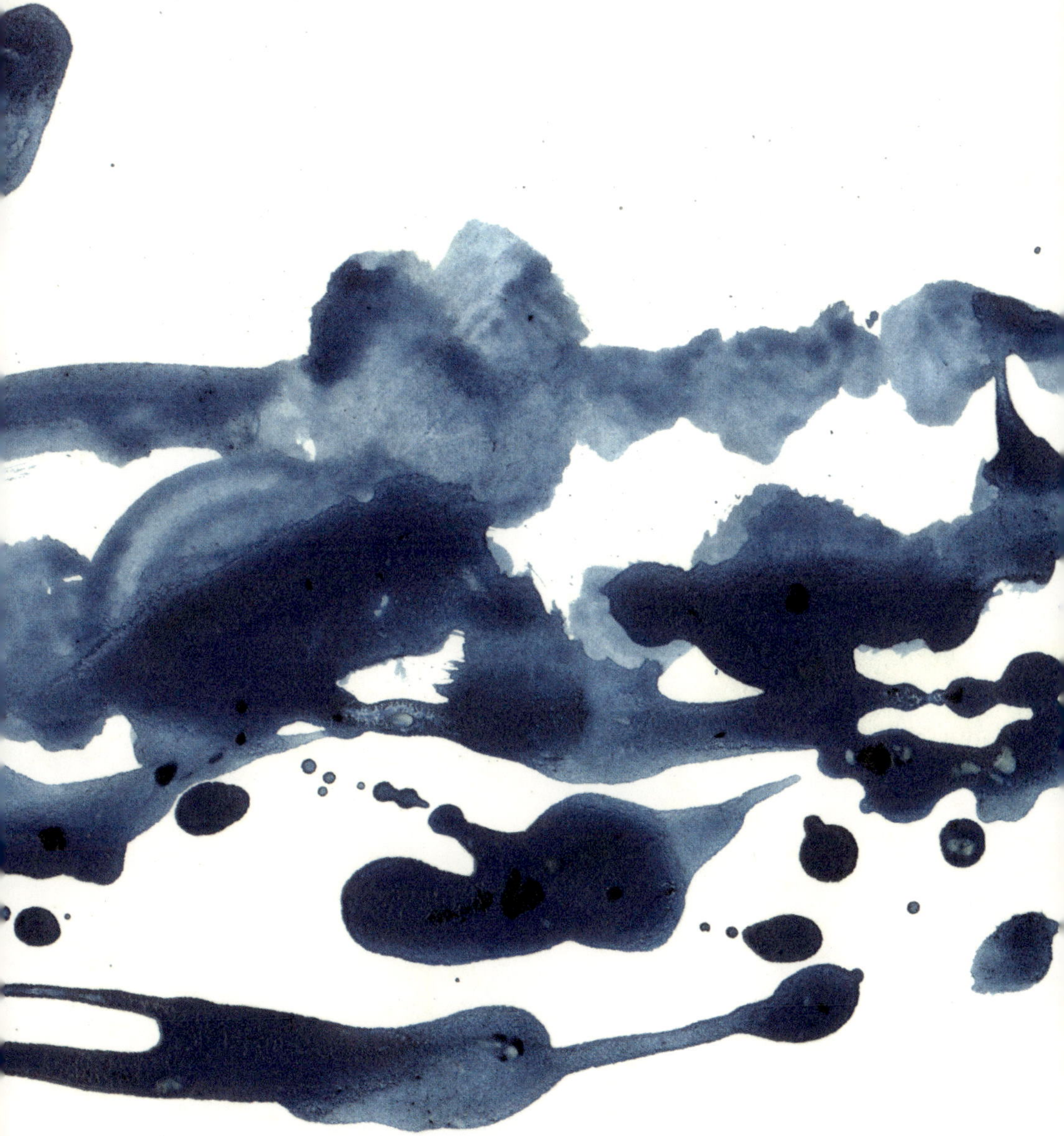

Pigment mit Bindemittel angeteigt, mit Wasser verdünnt und verrührt, geschüttet, getropft und verstrichen.

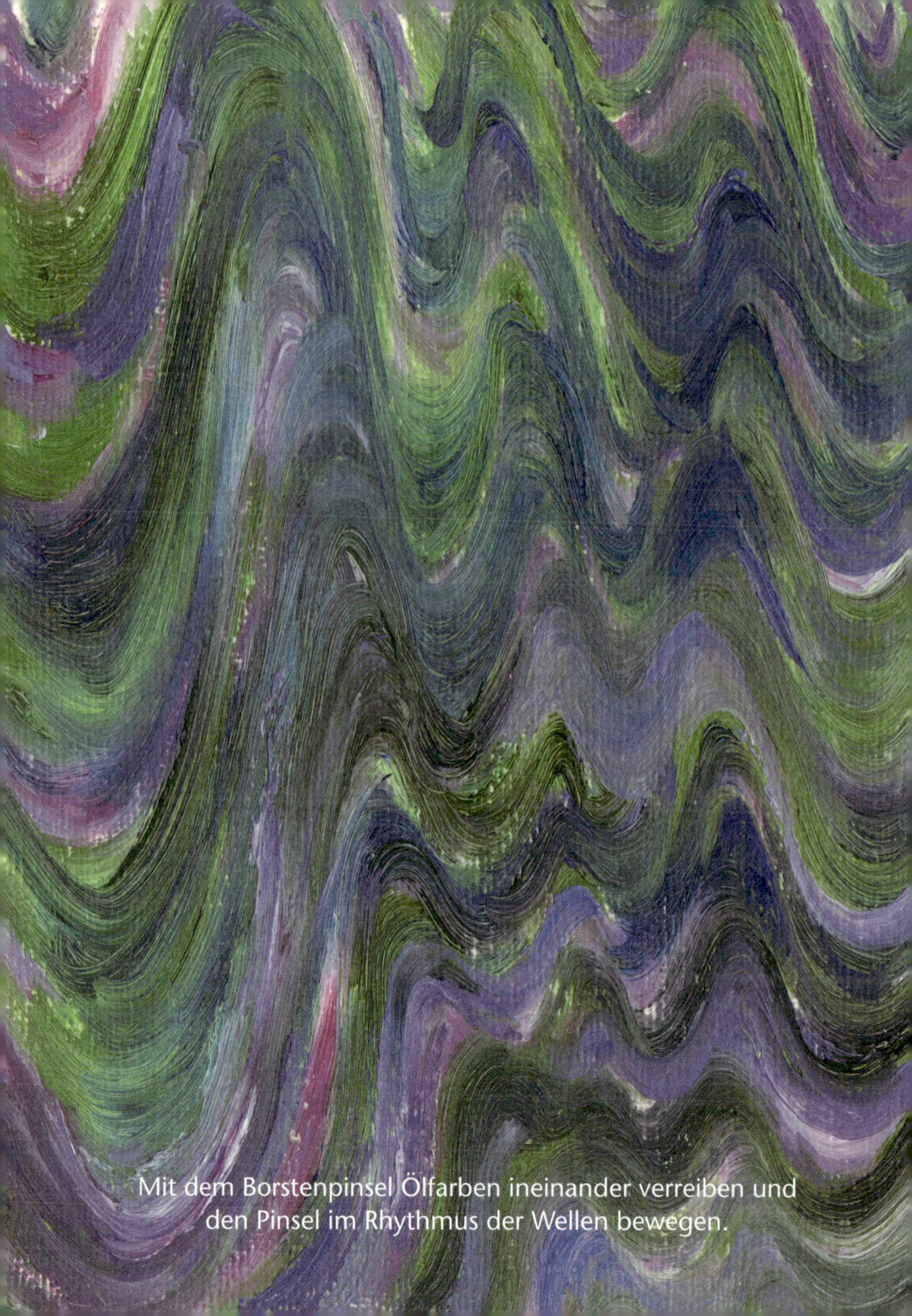

Mit dem Borstenpinsel Ölfarben ineinander verreiben und den Pinsel im Rhythmus der Wellen bewegen.

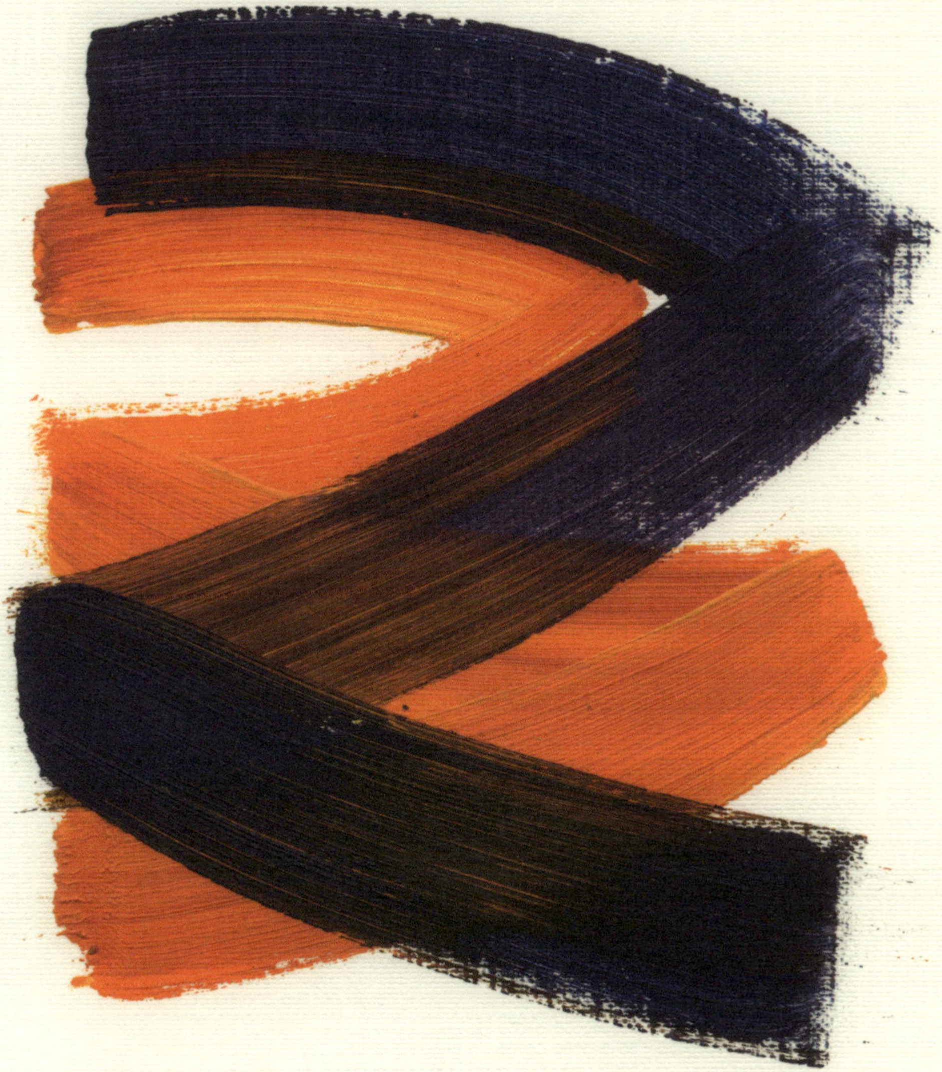

Das Blau stürzt sich aufs Orange und vermischt sich mit ihm.

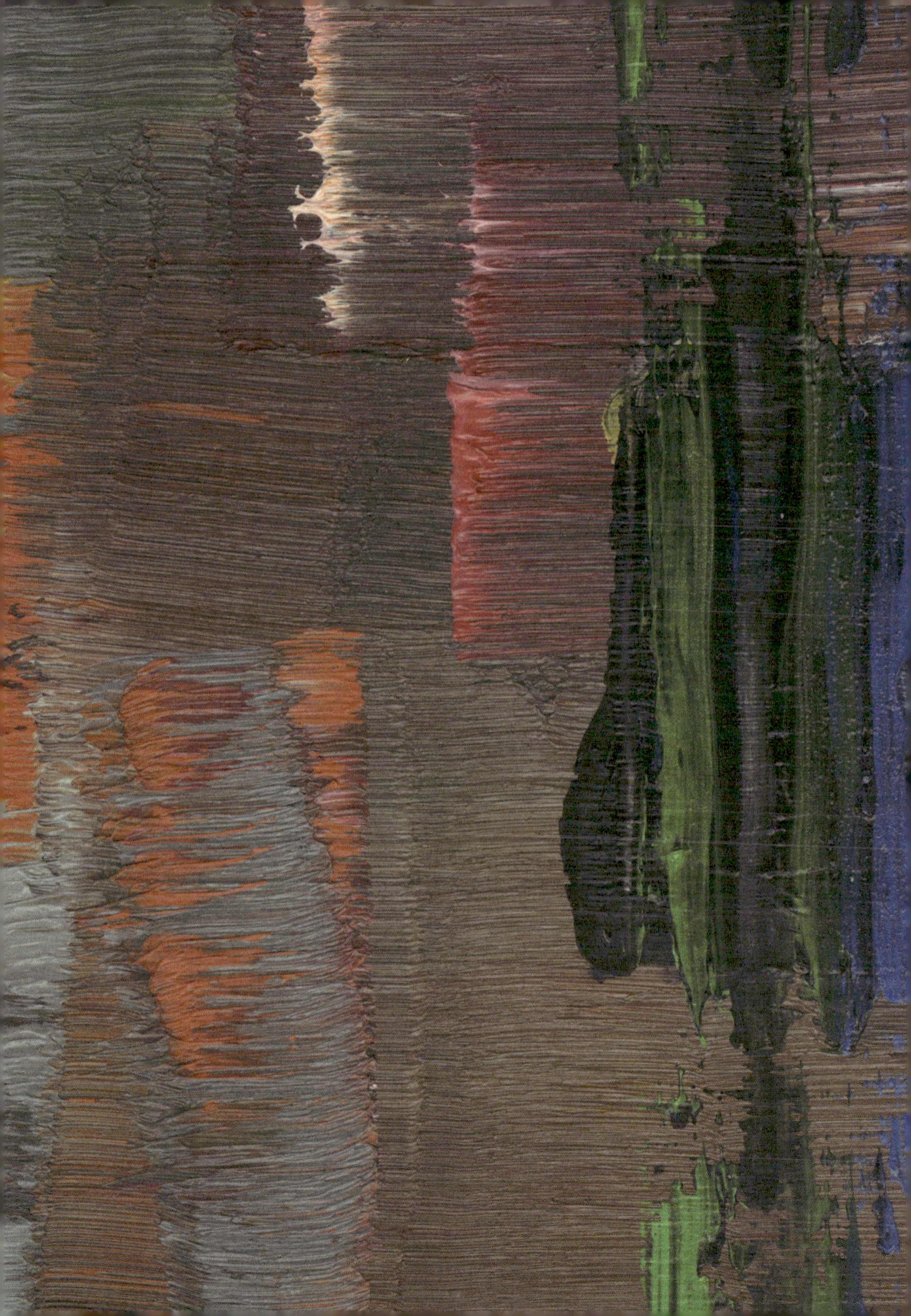

Der Spachtel glättet die Oberfläche, der Pinsel schafft Tiefe.
Die Körperhaftigkeit der Farbe wird spürbar.

Farben ordnen

Ein Regenbogen ist so schön anzuschauen, weil die Farben darin auf klare Weise geordnet sind, was sonst in der Natur oft nicht der Fall ist. Diese Ordnung entspricht schlicht den unterschiedlichen Wellenlängen des sichtbaren Lichts. Die verschiedenen, von Künstlern, Gestaltern und Forschern entwickelten Modelle für eine Systematik der Farben stellen Nachbarschaften, Gegensätze, Harmonien und Zusammenhänge von Farbtönen dar. So ist die Ordnung zum Beispiel nach Helligkeit, nach Farbton und nach Reinheit bzw. Intensität möglich. Die verschiedenen Systeme haben sich von zweidimensionalen Darstellungen (Farbkreis) hin zu dreidimensionalen (Farbenkugel und auch Farbenwürfel) entwickelt. Wenn Kinder ihre Buntstifte im Kasten ordnen, treffen sie ganz logische Entscheidungen dazu, nach welchen Kriterien sie dabei vorgehen. Und jeder Maler entwickelt eigene Ordnungen auf seiner Palette, die der Farbgestaltung seiner Bilder entsprechen.

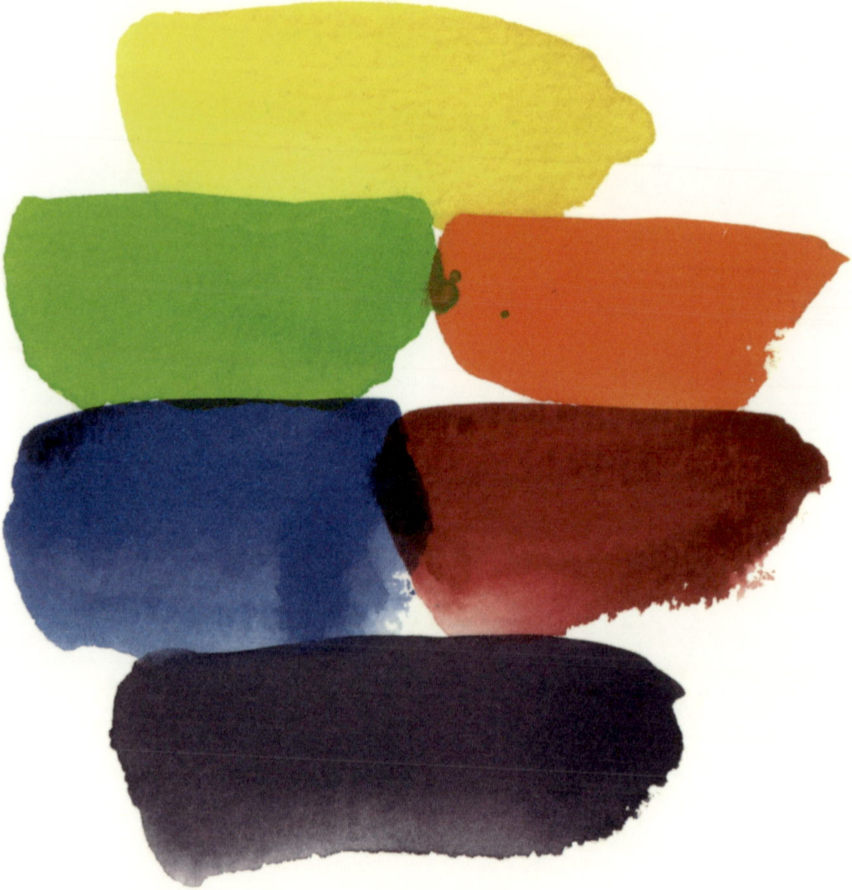

Von hell nach dunkel.

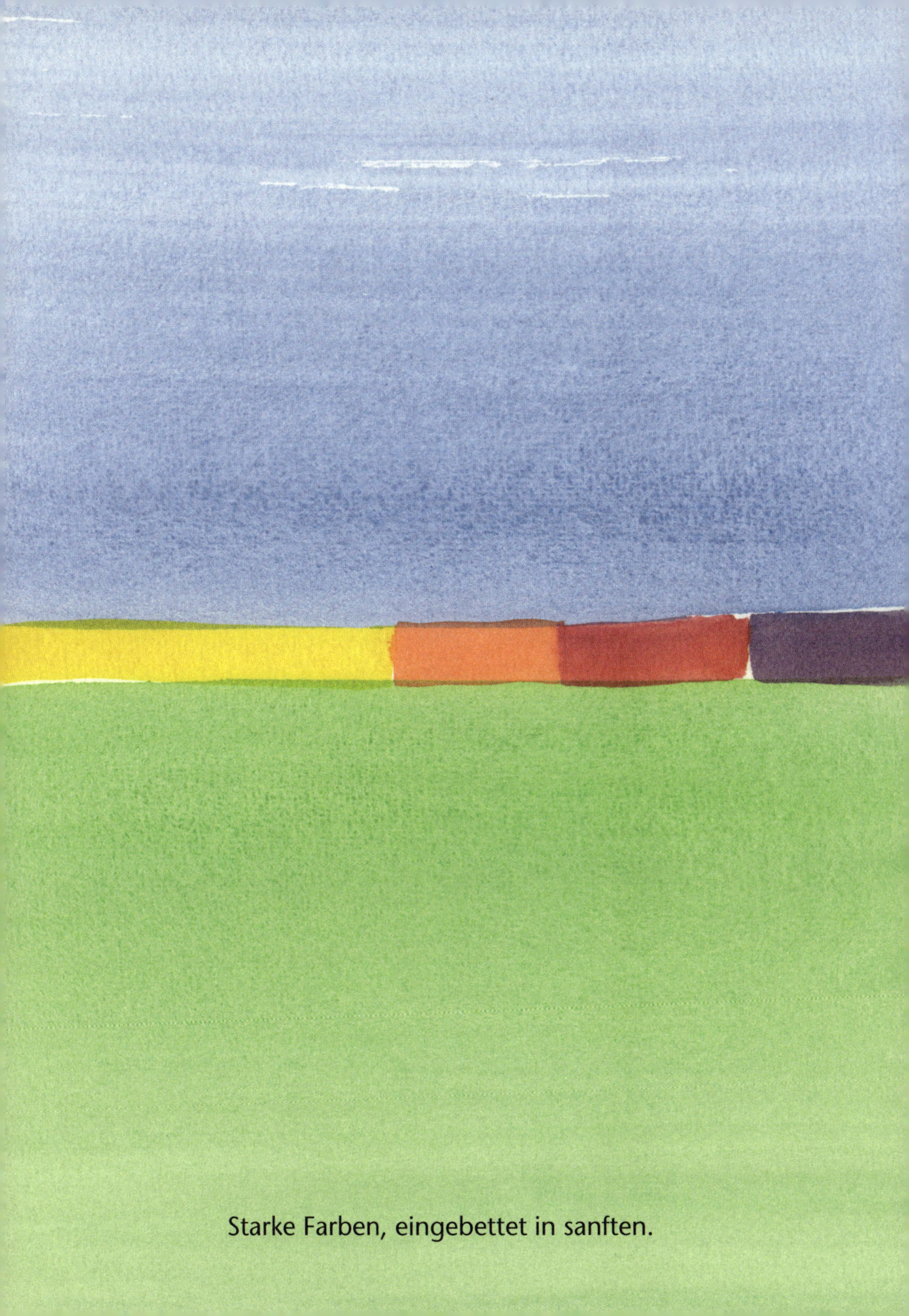

Starke Farben, eingebettet in sanften.

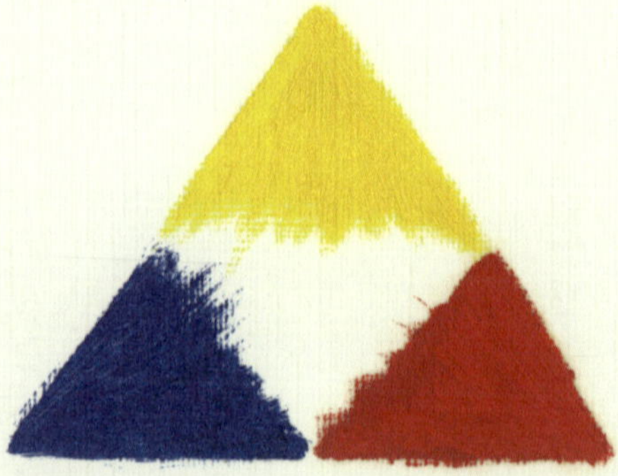

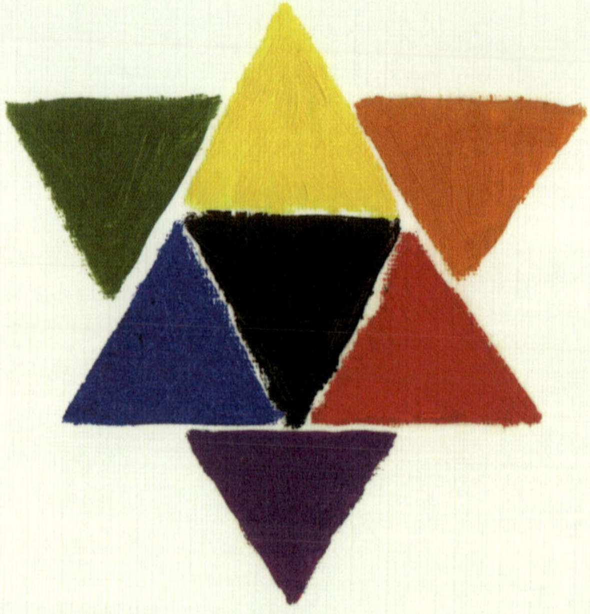

Die drei Grundfarben Rot, Gelb und Blau halten in der Anordnung im Dreieck gleiche Abstände zueinander. Zwischen jeweils zwei Grundfarben liegt eine Mischfarbe. So findet sich diese ihrer jeweiligen Komplementärfarbe gegenüber.

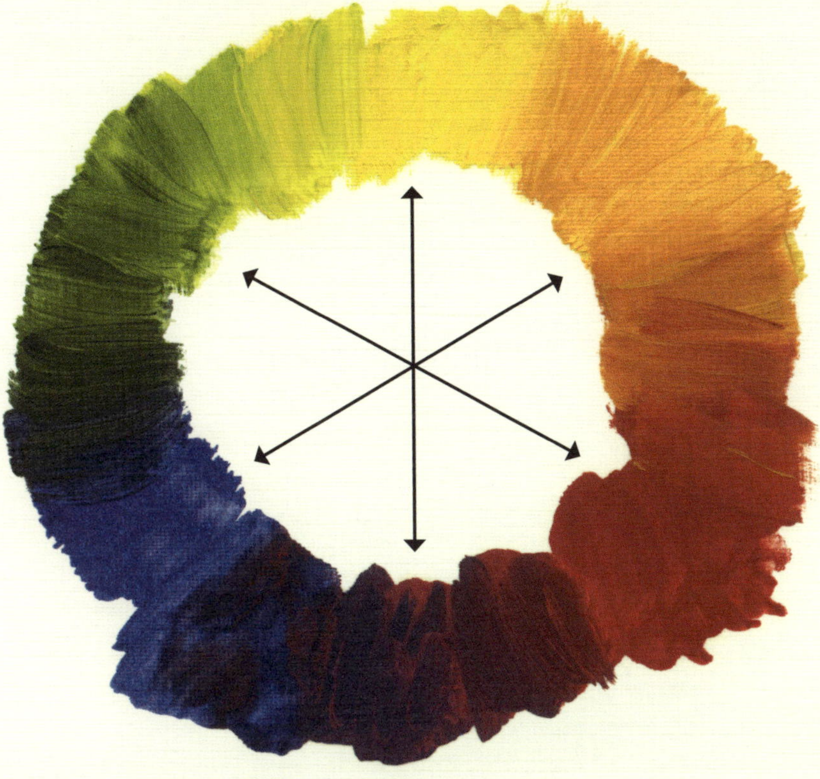

Der Farbkreis ist eine um Zwischentöne ergänzte Weiterentwicklung der Farbdreiecke. Das Prinzip des Nebeneinanders ähnlicher und der Gegenüberstellung komplementärer, also gegensätzlicher Farben bleibt dabei erhalten.

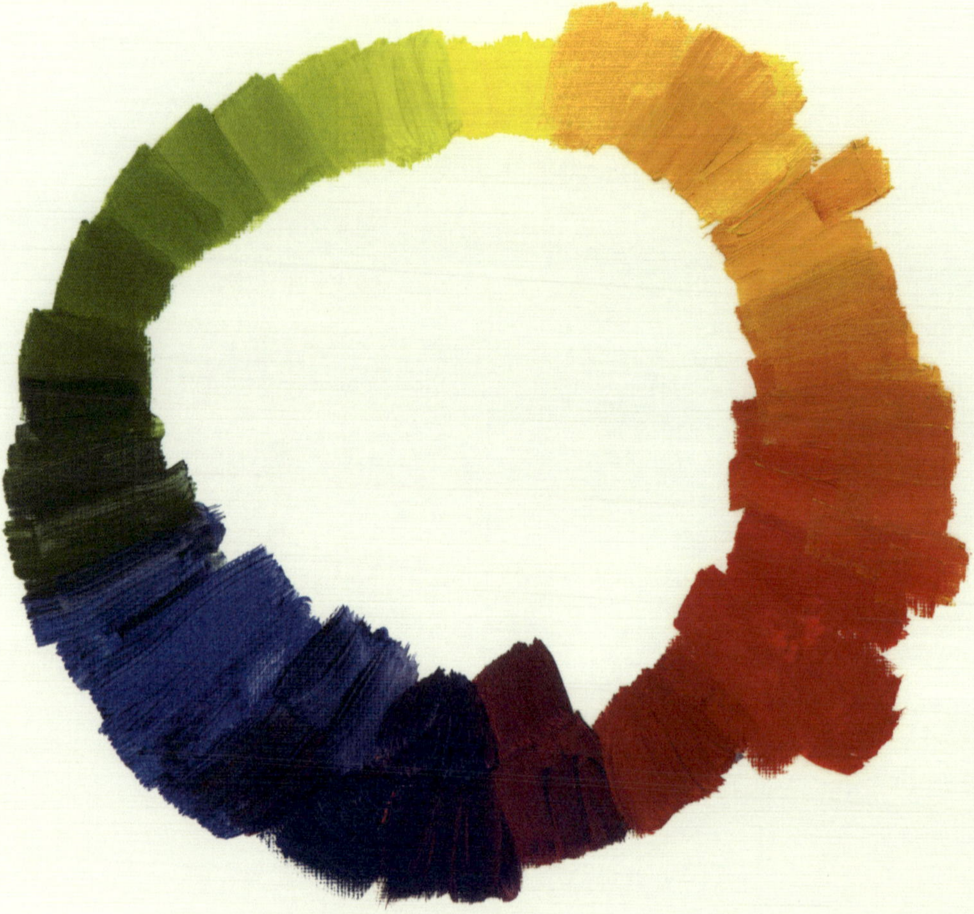

Ausgehend vom Farbempfinden, sind die Grundfarben ein sattes Rot, ein tiefes Blau und ein klares Gelb. Aus ihnen werden die Mischfarben in regelmäßigen Abständen gemischt.

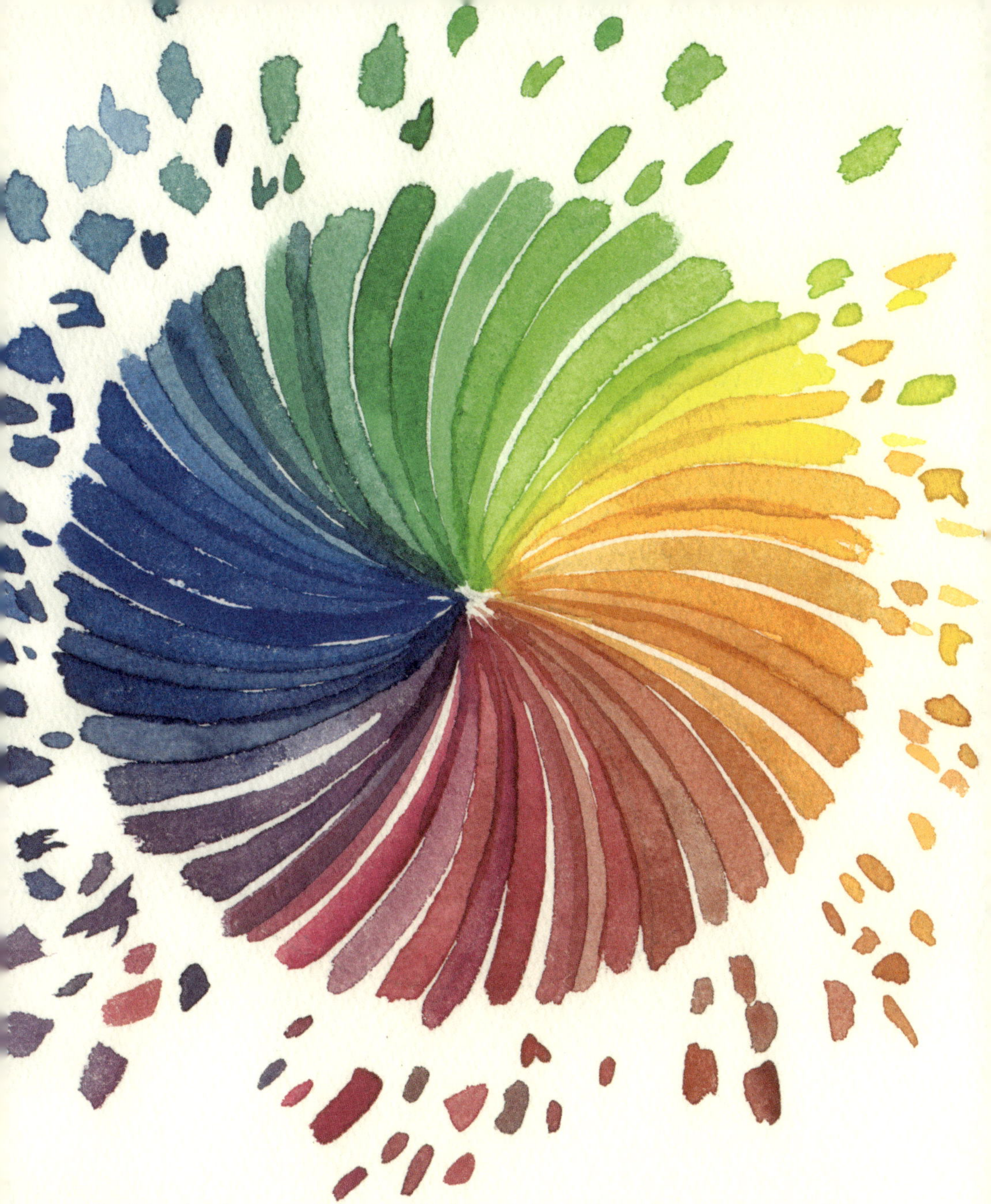

Farbkreise lassen sich in beliebig vielen Abstufungen darstellen. Die optischen Abstände zwischen zwei Farben sind allerdings bei Zugabe der gleichen Menge einer weiteren Farbe nicht immer gleich groß. Gelb etwa wird sehr schnell zu Orange oder Grün.

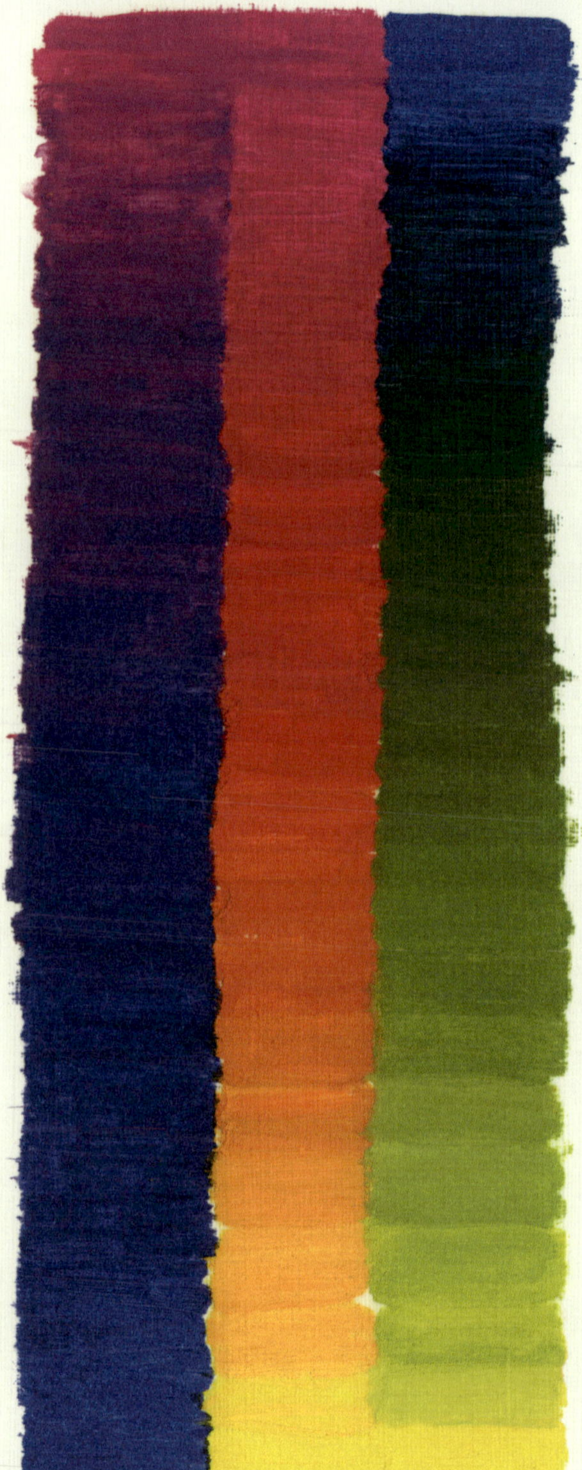

Ordnung nach warmen und kalten Farben –
fast schon eine Landschaft?

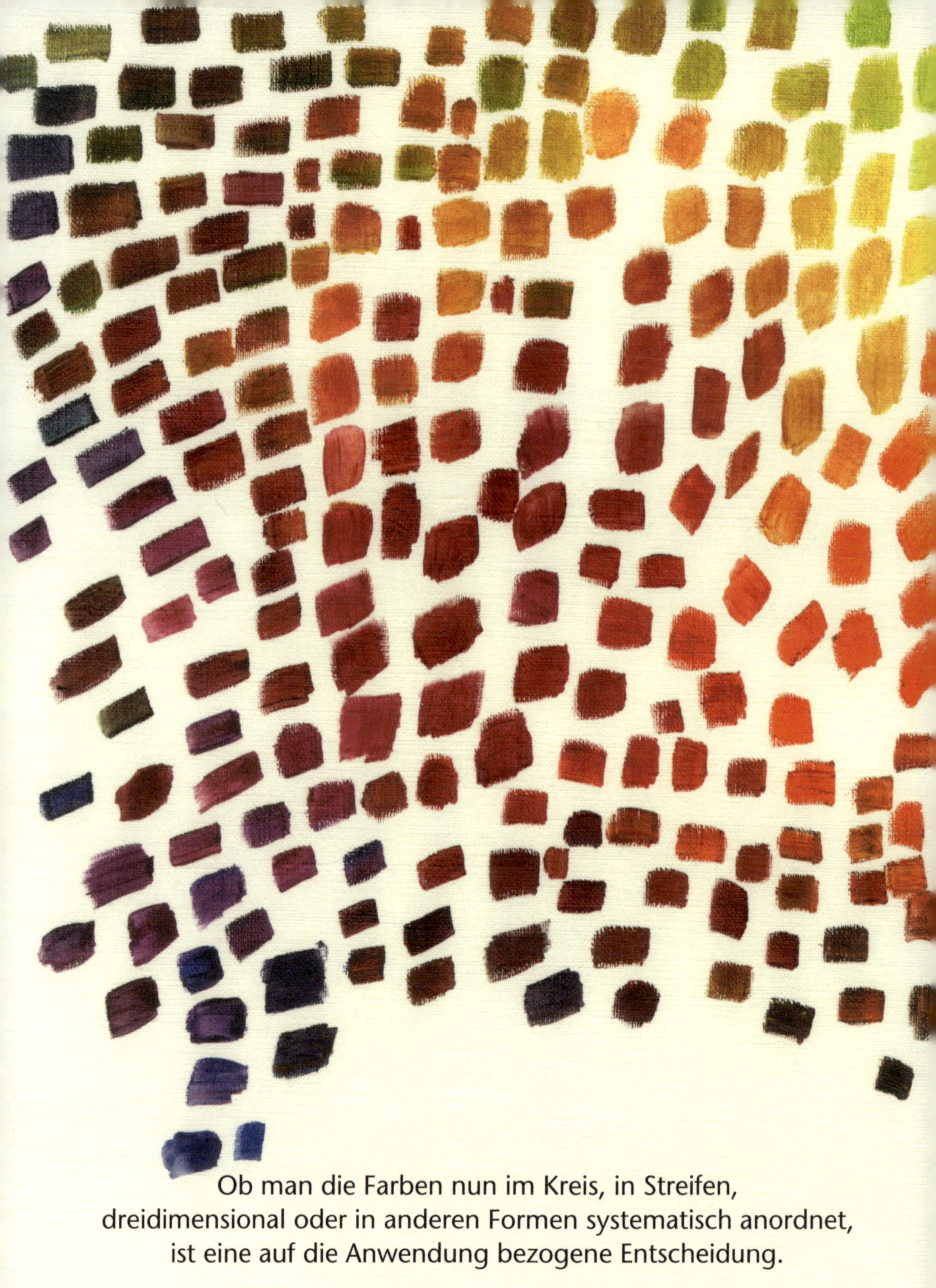

Ob man die Farben nun im Kreis, in Streifen, dreidimensional oder in anderen Formen systematisch anordnet, ist eine auf die Anwendung bezogene Entscheidung.

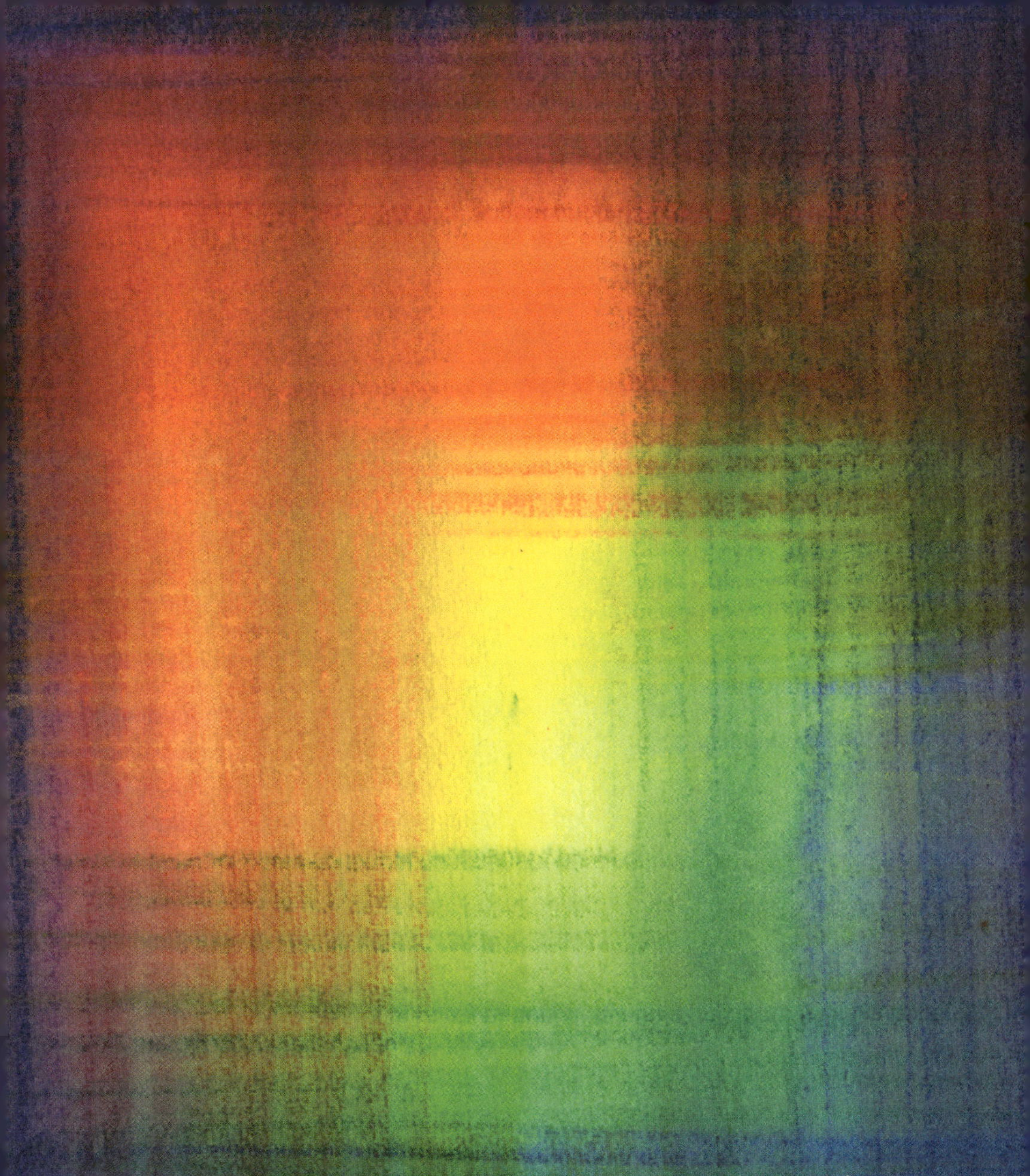

Eine zwingende, natürliche Ordnung der Farben gibt es nicht. Am ehesten wäre diese vielleicht im Regenbogen zu finden. Denn die Anordnung der Spektralfarben ist abhängig von ihrer Wellenlänge und daher immer gleich. Das Spektrum beginnt bei Tiefrot und endet bei Dunkelviolett. Das Farbkreismodell fügt beim Zusammentreffen dieser beiden Farben noch Magenta hinzu.

Mischen

Obgleich fertige Malfarben in zahlreichen unterschiedlichen Tönen erhältlich sind, erreicht man die ganze Vielfalt erst durch Mischen. Auch fließende Übergänge von einem Farbton zum anderen gelingen nur mit differenzierten Mischungen. Um Farben zu mischen, gibt es verschiedene Techniken: Auf der Palette werden aus den Ausgangsfarben die angestrebten Farbtöne gemischt und dann ins Bild übertragen. Beim Mischen im Bild können die Farben ineinander verlaufen, miteinander vermengt oder in lasierenden Schichten übereinandergelegt werden. Auch optische Mischungen sind möglich: Die Maler des Pointillismus haben verschiedenfarbige Punkte sehr dicht nebeneinander platziert – erst im Auge des Betrachters mischen sie sich.

Beim Mischen von Farben wird grundsätzlich unterschieden, ob es sich um farbiges Licht (Lichtfarben) oder um Pigmentfarben (Körperfarben) handelt. Licht mischt sich additiv: Überlagern sich die drei primären Lichtfarben Rot, Grün und Blau, nehmen sie an Helligkeit zu und ergeben idealerweise Weiß. Mischen sich dagegen die drei primären Pigmentfarben Gelb, Cyan und Magenta, ergeben sie annähernd Schwarz. Weil das Mischergebnis dabei einen größeren Teil des einfallenden Lichts absorbiert als die jeweiligen Ausgangsfarben, also dunkler wird, sprechen wir von subtraktiver Mischung. Übrigens: Die Primärfarben beider Mischarten sind jeweils die Sekundärfarben der anderen.

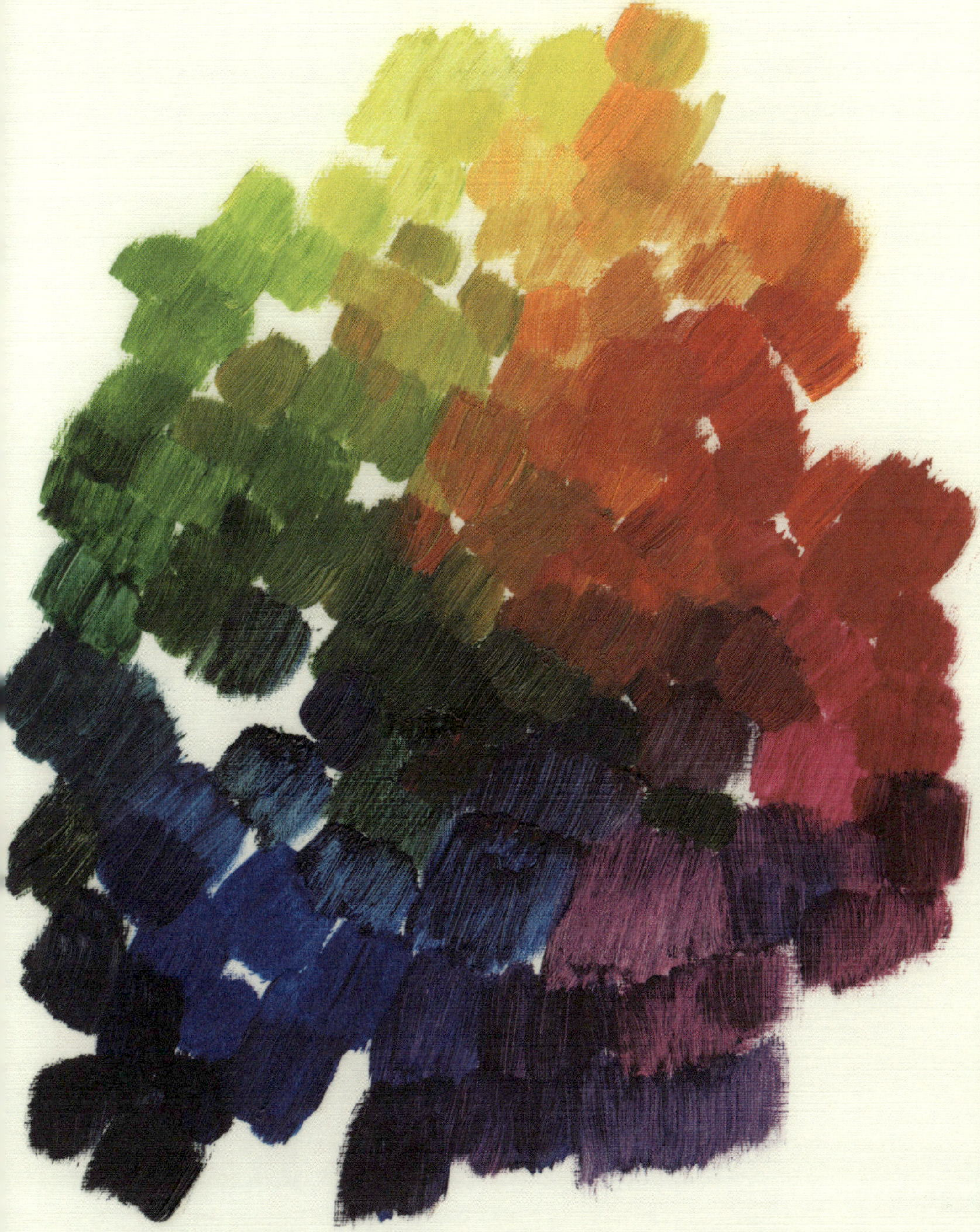

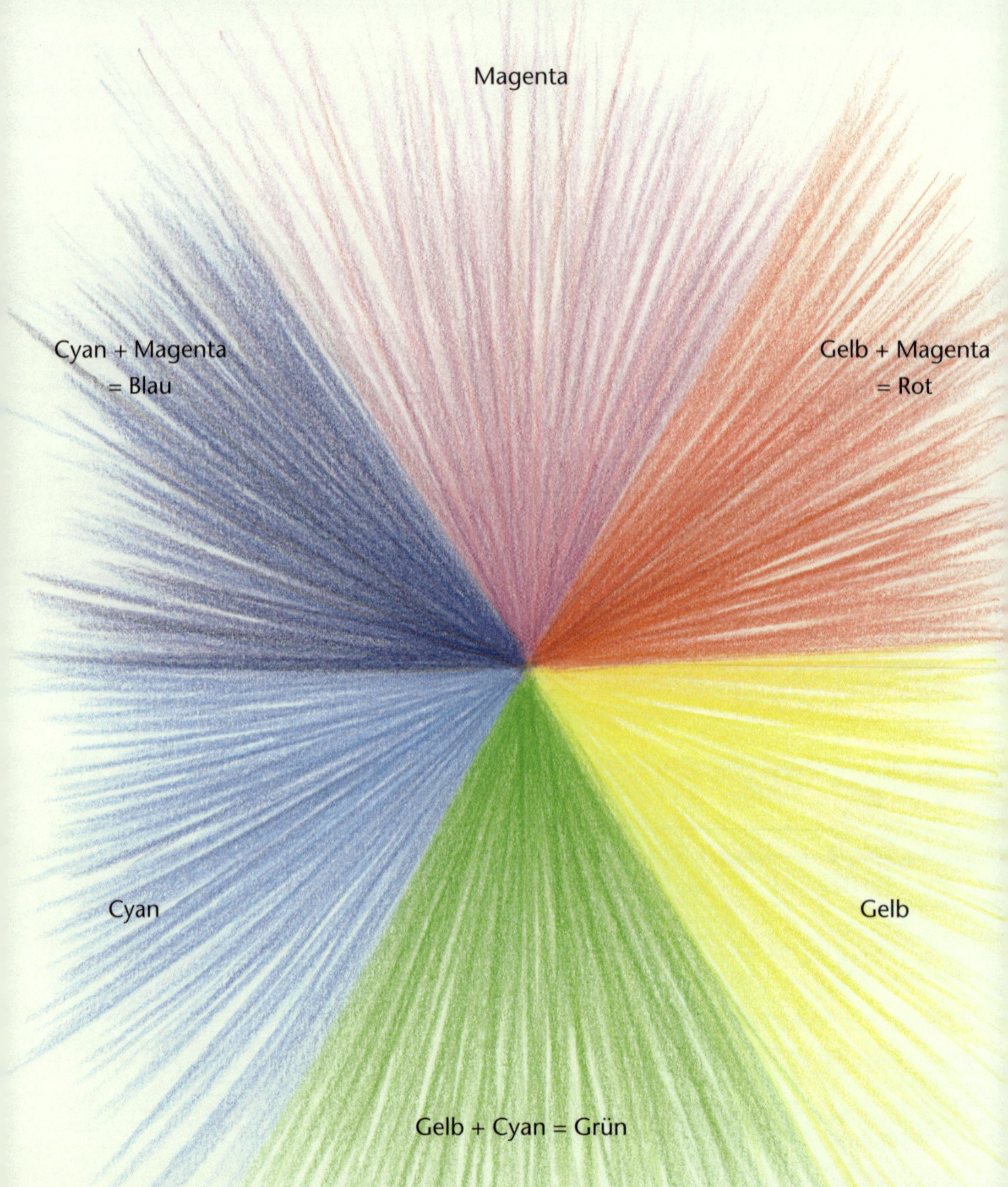

Zwischen den Grundfarben für den Farbdruck (Pigmentfarben), Gelb, Magenta und Cyan, liegen die Mischfarben Grün, Blau und Rot. Da Pigmentfarben beim Mischen dunkler werden, bezeichnet man diesen Vorgang als subtraktive Farbmischung.

Bei der Mischung der Lichtfarben spricht man von addititver Farbmischung, weil die Helligkeit zunimmt. Die Grundfarben sind Blau, Grün und Rot, zwischen ihnen liegen Cyan, Magenta und Gelb, die Mischfarben erster Ordnung. Diese sind zugleich die Grundfarben der subtraktiven Farbmischung.

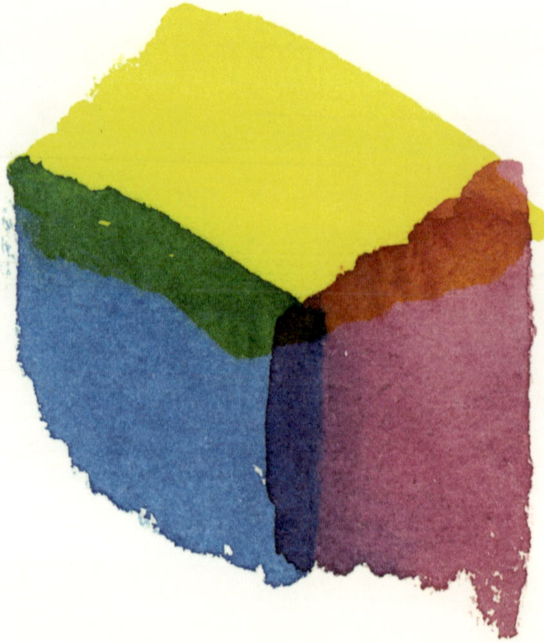

Aquarellfarben lassen sich wie farbige Filter in Schichten übereinanderlegen. Die Schichten mischen sich zu neuen Tönen. Aus der Mischung von Gelb und Magenta entstehen Rot- und Orangetöne, aus Cyan und Gelb Grüntöne. Cyan und Magenta zusammen bilden ein intensives, fast warmes Blau.

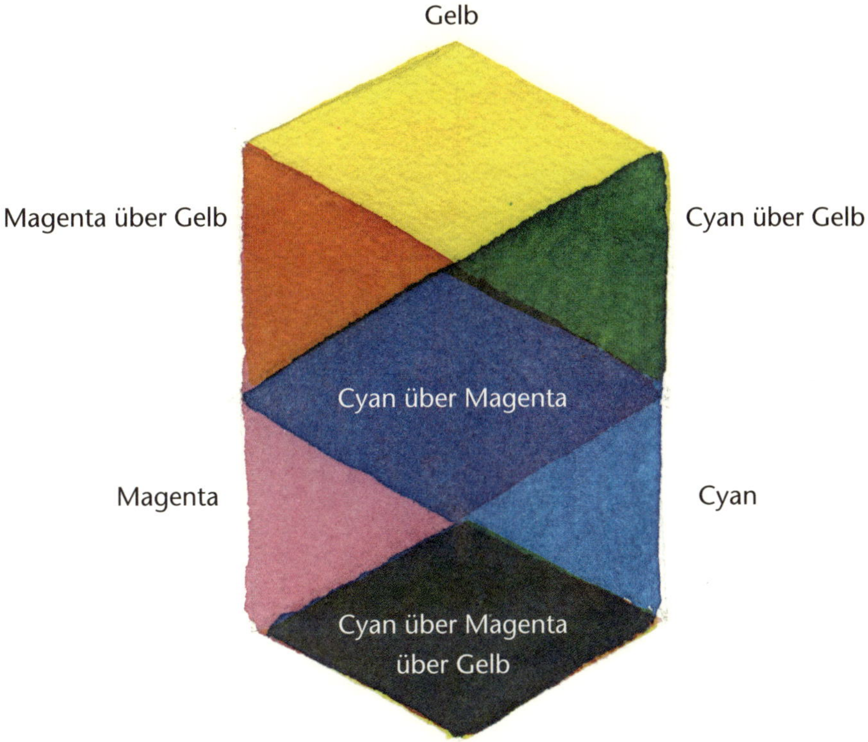

Nach dem Prinzip der subtraktiven Farbmischung entsteht das Grün aus Cyan über Gelb, das Blau aus Cyan über Magenta und das Rot aus Magenta über Gelb. Je nach Mischungsverhältnis tendiert das Rot auch ins Orange oder das Blau ins Violett. Und das dunkle Graubraun entsteht aus den übereinandergelegten Schichten aller drei Grundfarben.

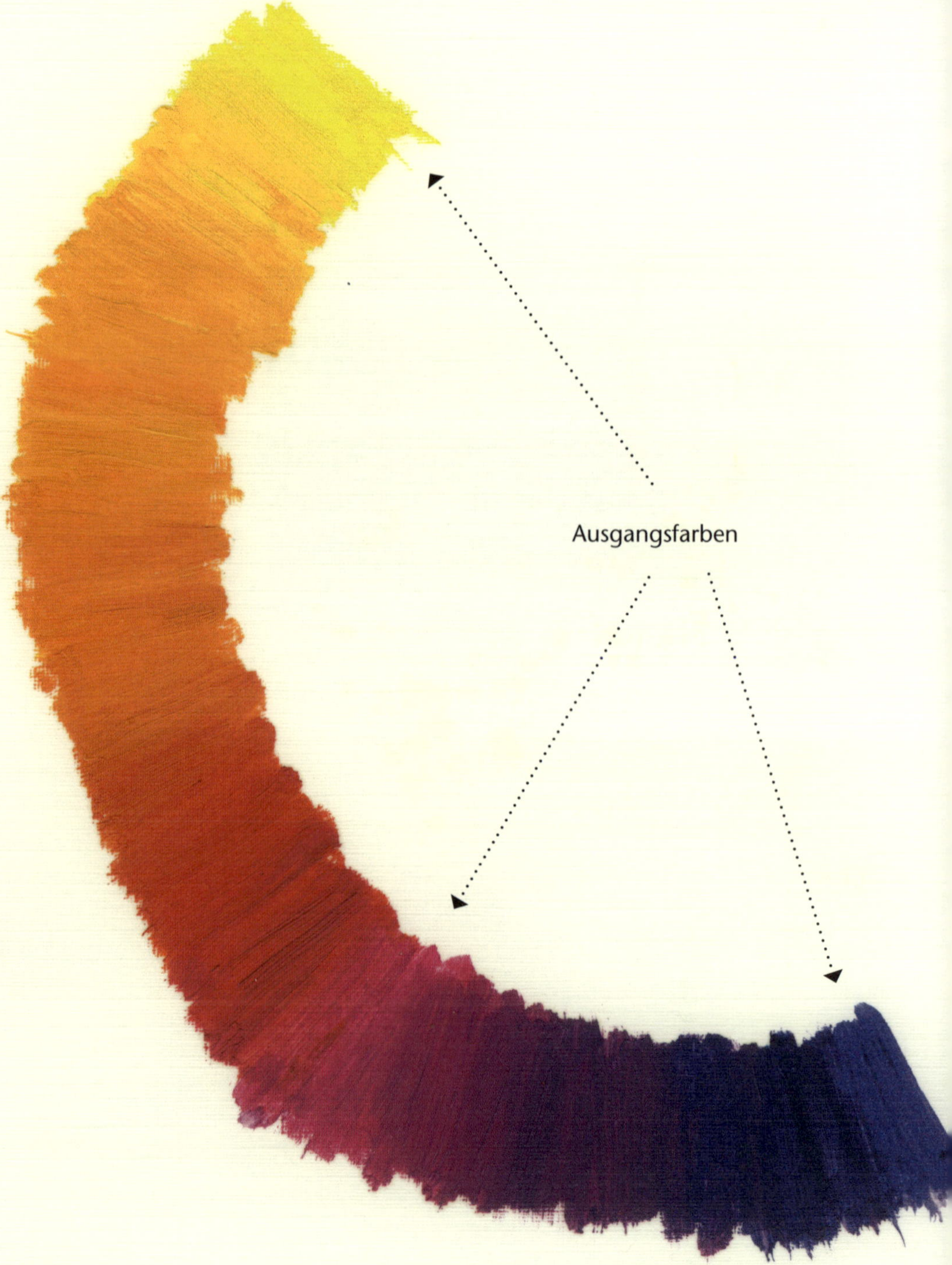

Rot lässt sich aus Magenta und etwas Gelb mischen.

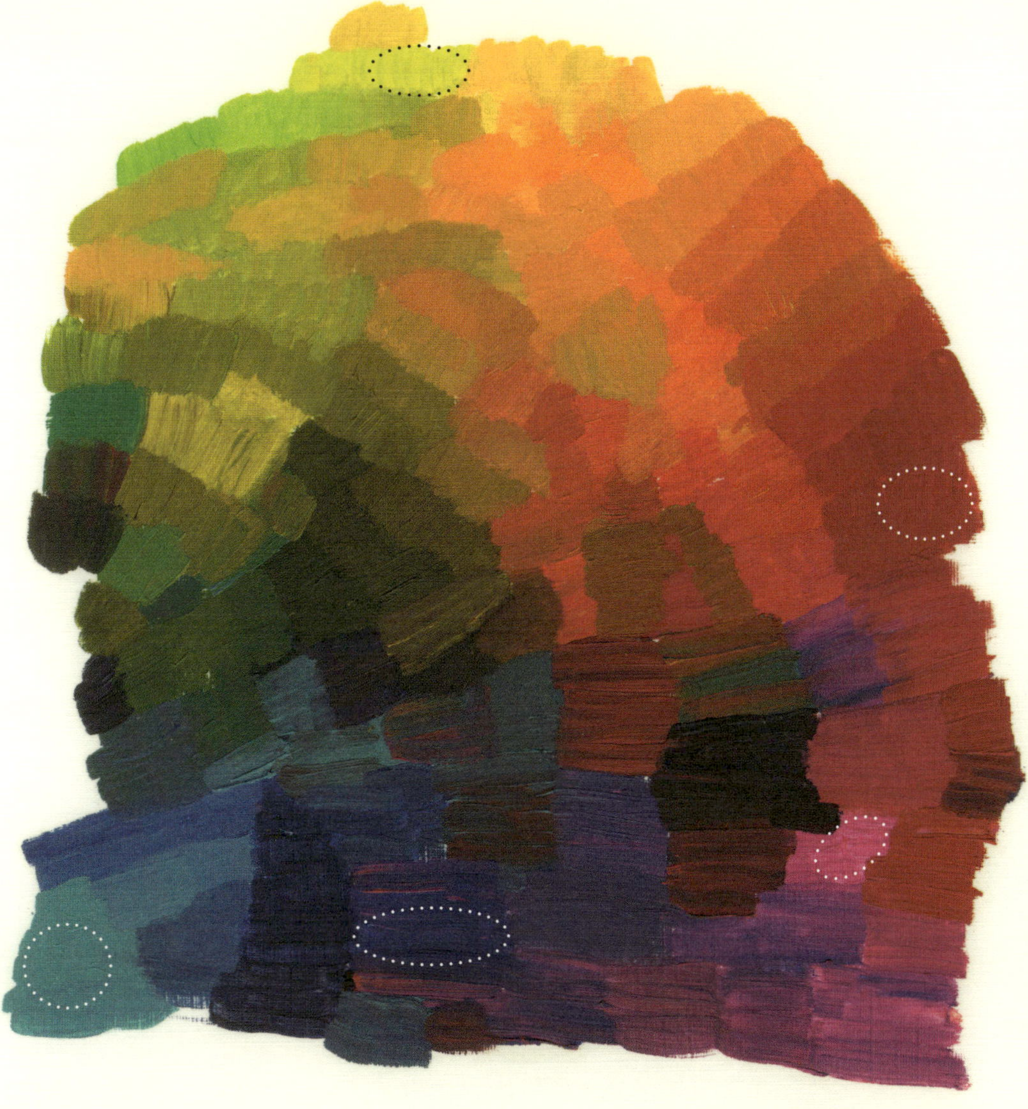

Der Reichtum an differenzierten Farben entsteht aus Mischungen von Rot, Magenta, Gelb, Blau und einem kalten Grün.

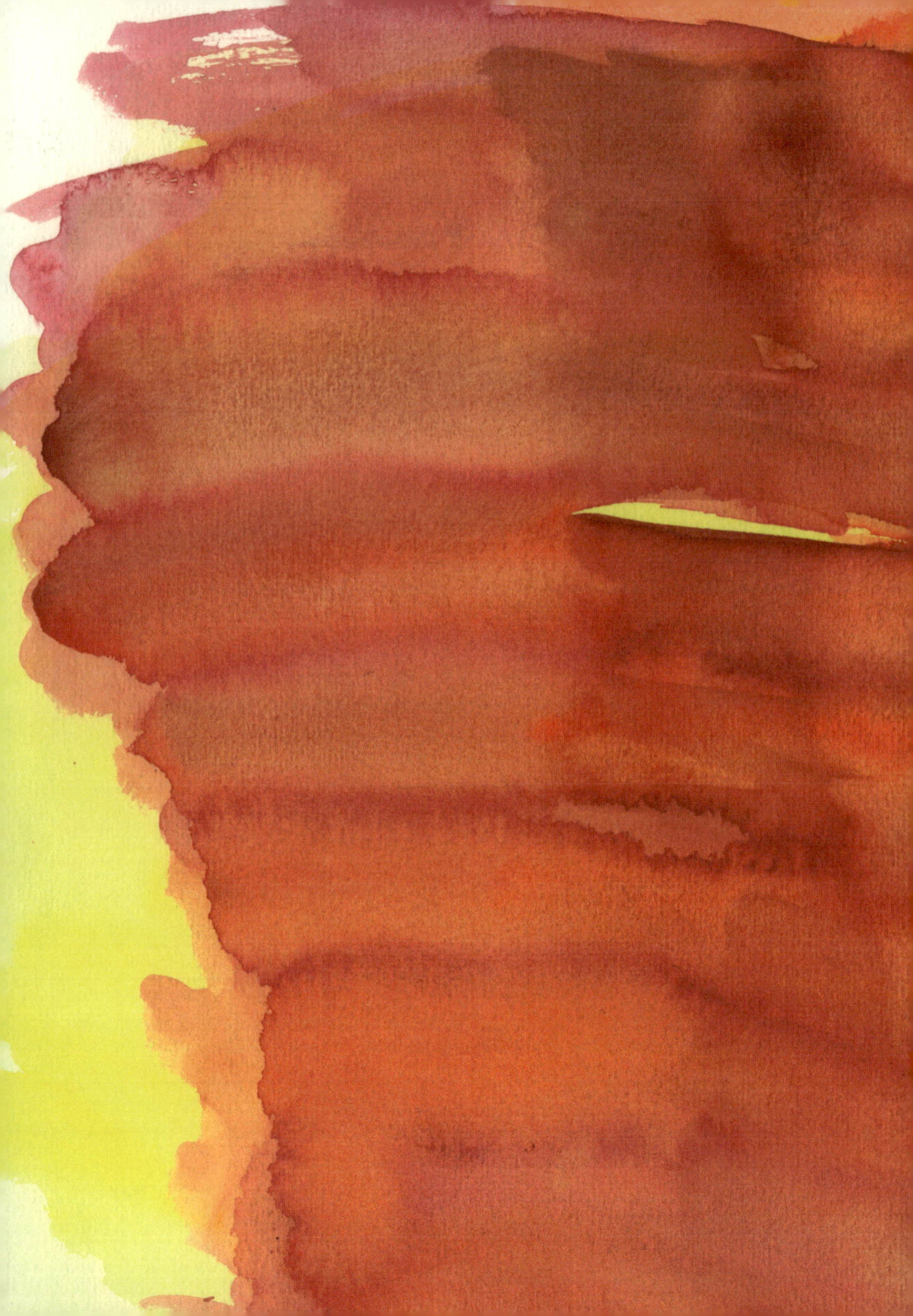

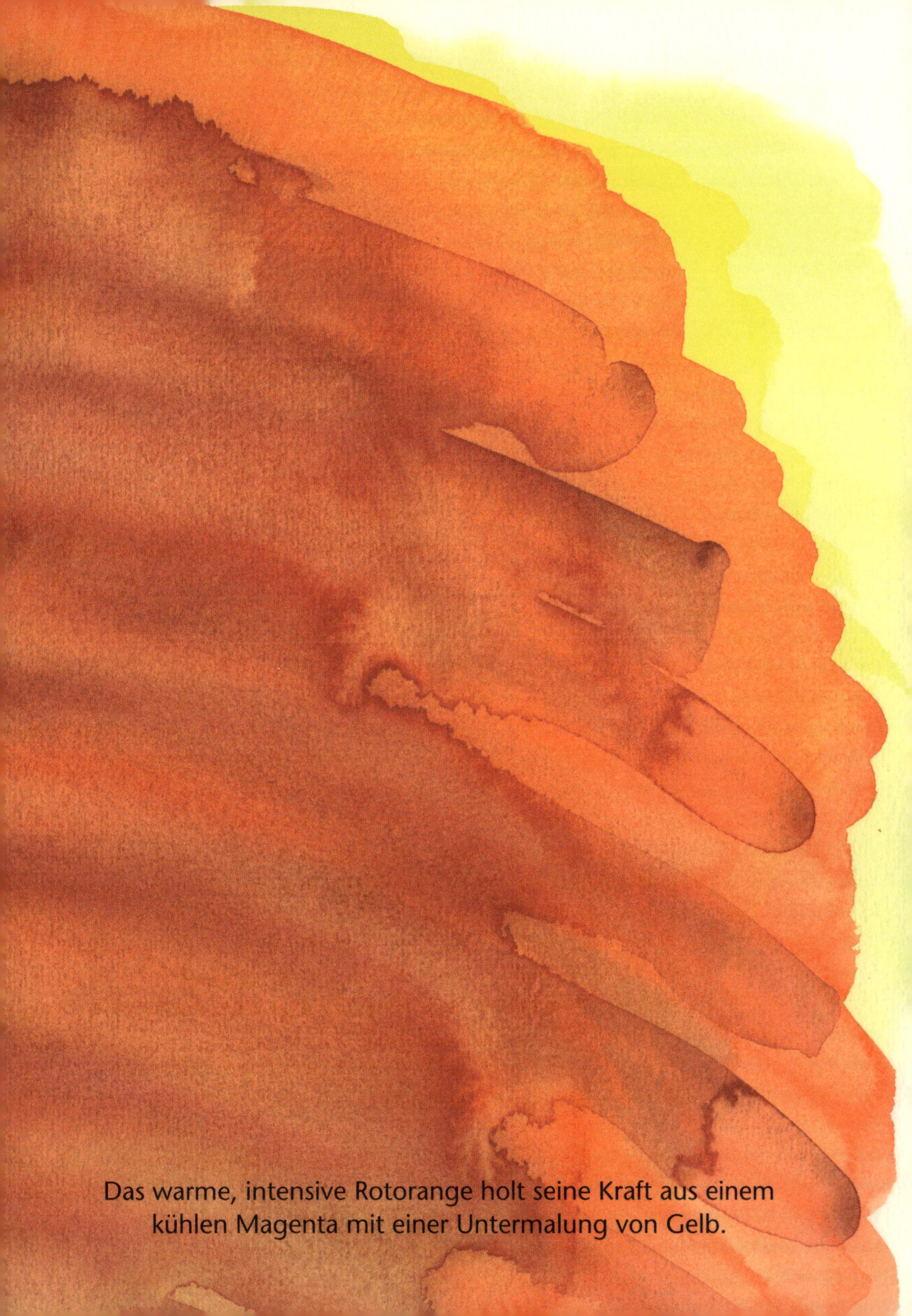

Das warme, intensive Rotorange holt seine Kraft aus einem kühlen Magenta mit einer Untermalung von Gelb.

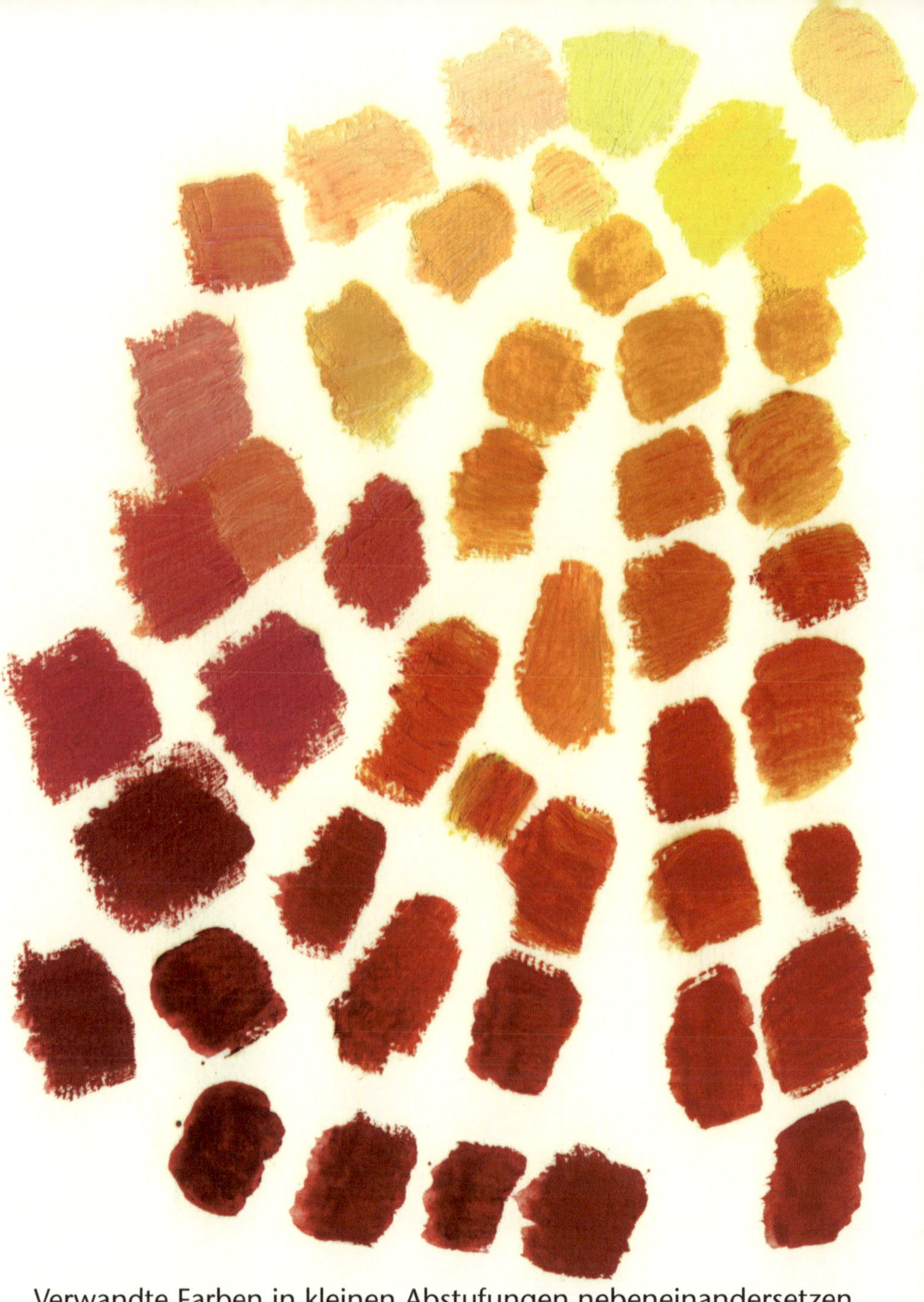

Verwandte Farben in kleinen Abstufungen nebeneinandersetzen. Es kommt zu einer harmonischen Ordnung nach hell/dunkel, nach warm/kalt und nach intensiv/trüb. So kann eine Palette aussehen.

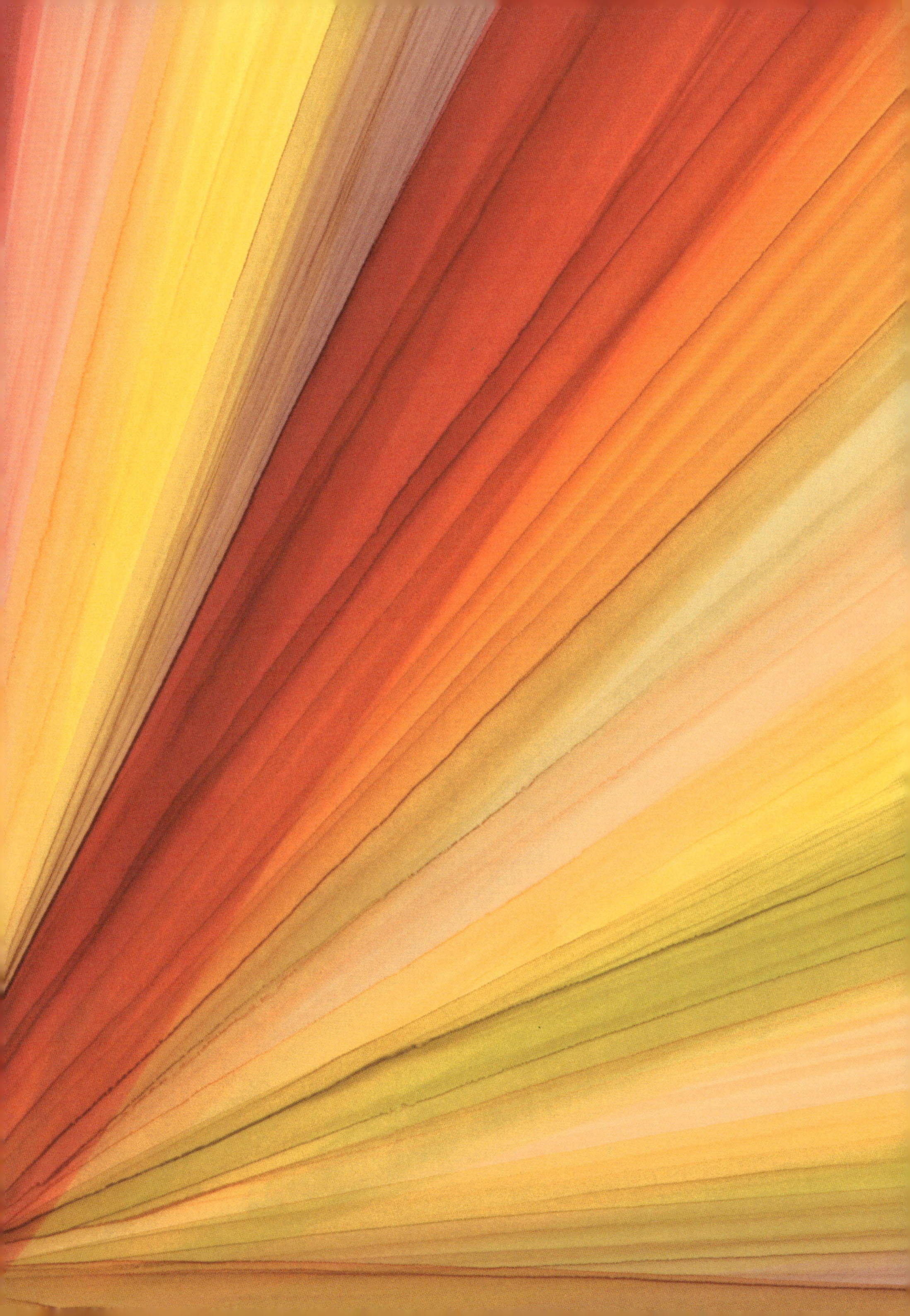

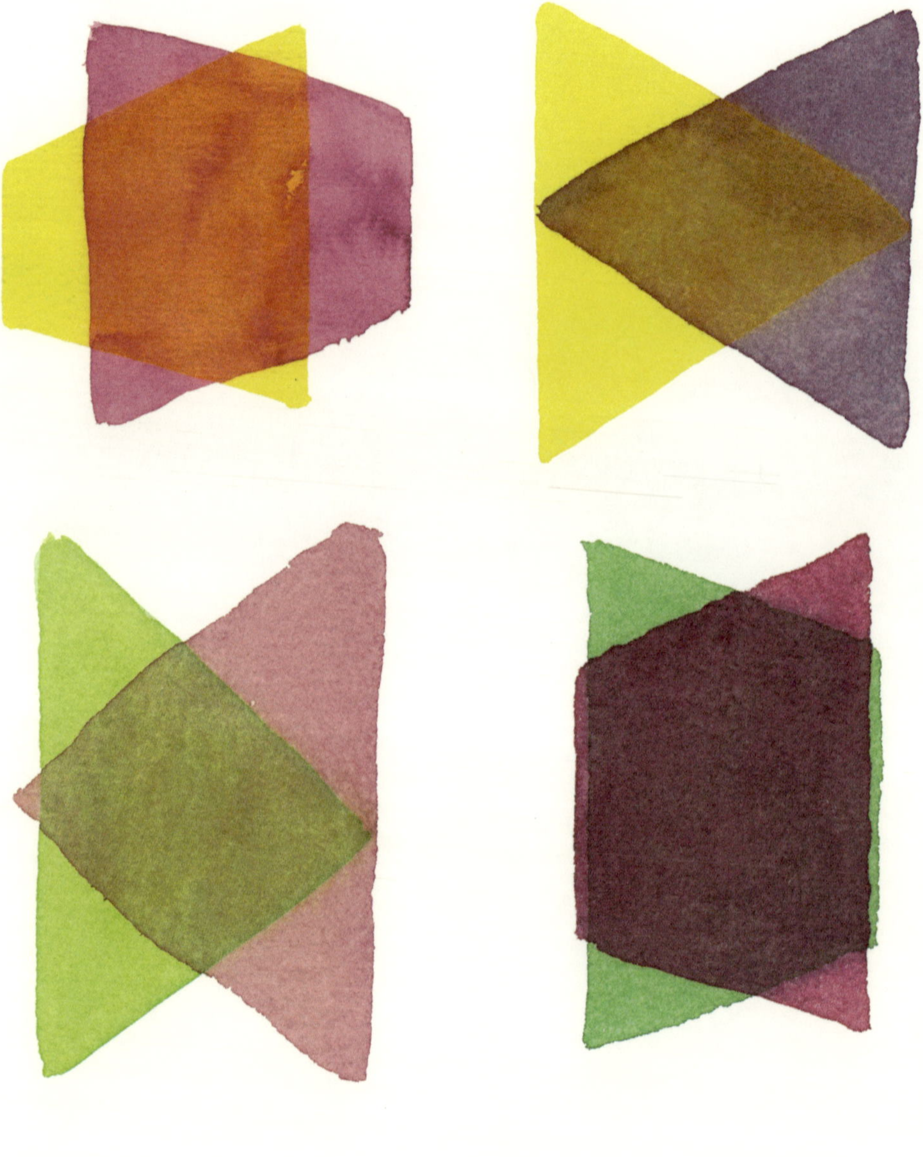

Magenta ist ein Purpurrot, es tendiert zu Violett. Es kann selbst nicht aus anderen Farben gemischt werden, bildet also den Ausgangsfarbton für alle Varianten von Rot bis ins Bräunliche.

Nuancen durch Mischungen.

Farben laufen ineinander:
stufenloser Verlauf von Gelb nach Grün.

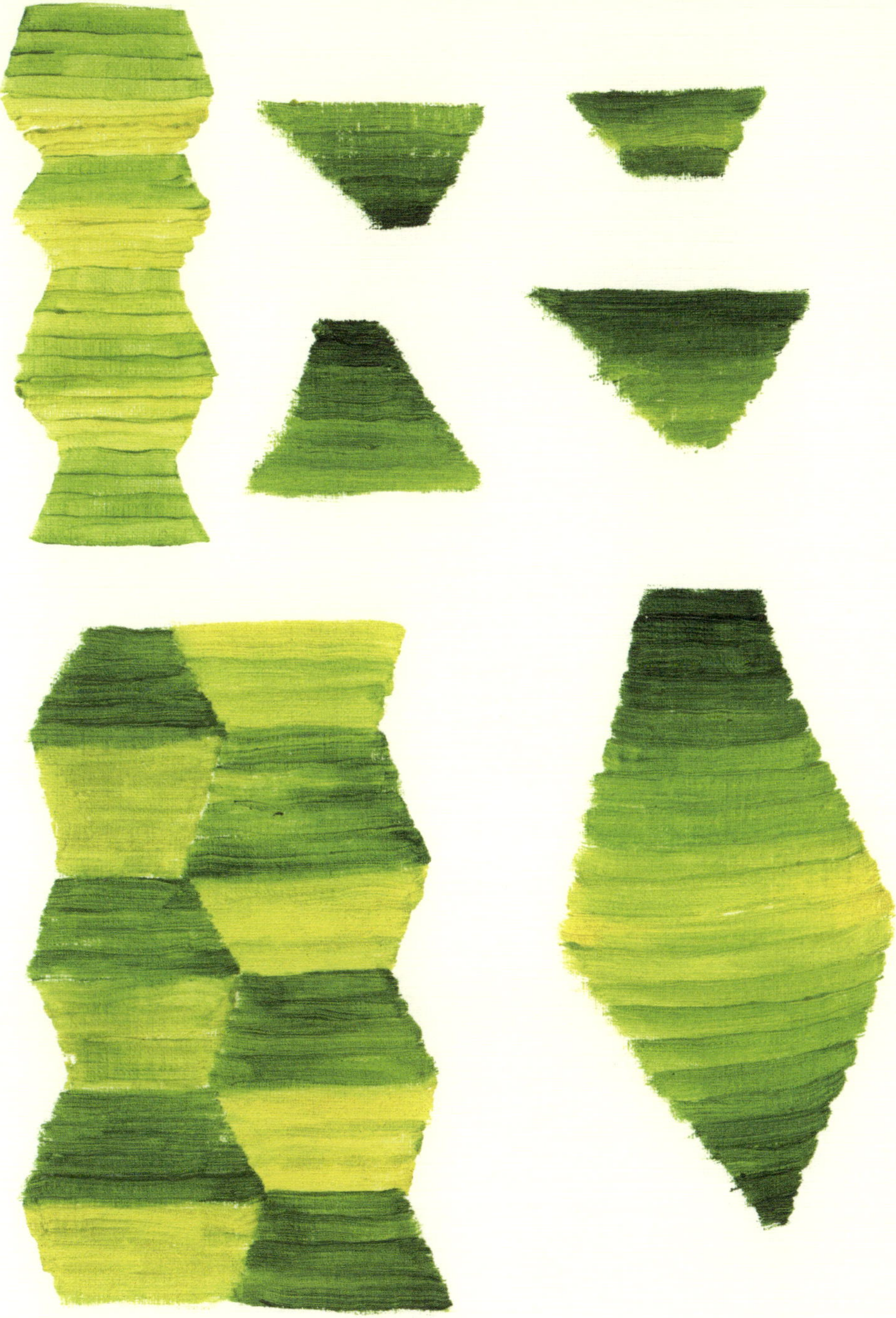

Abstufungen zwischen Gelb und Grün mischen.

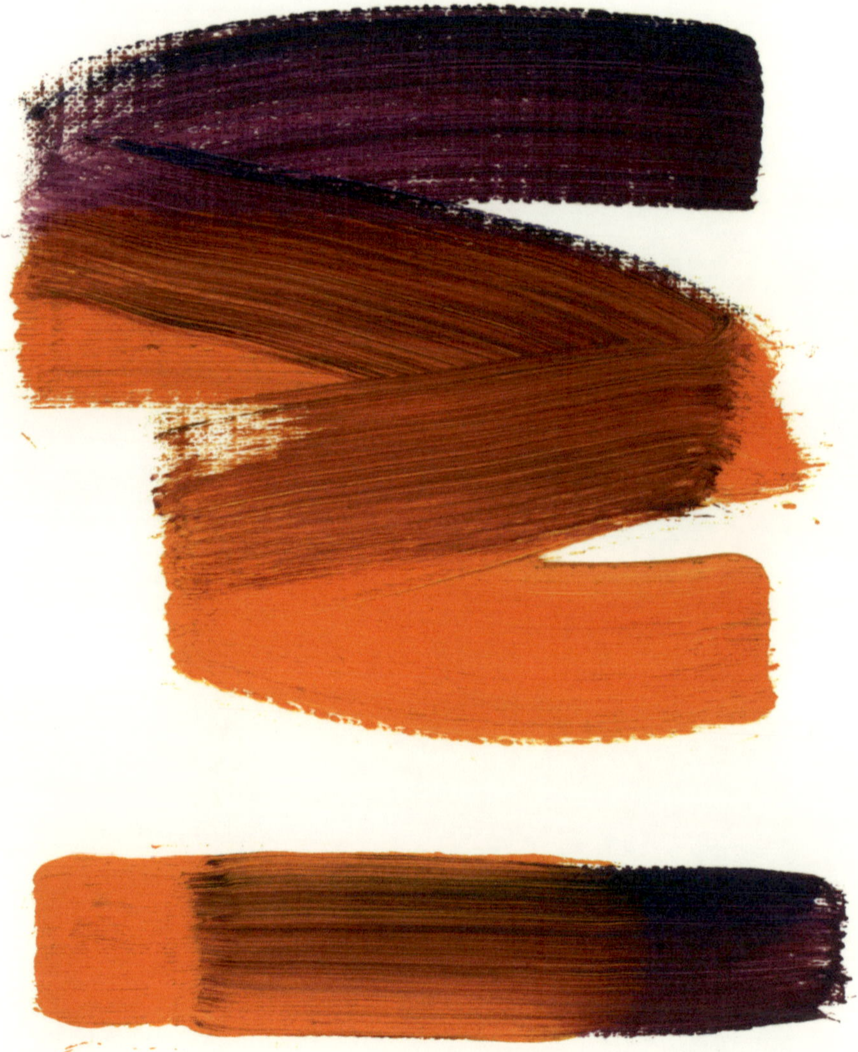

Nass in nass: So verbinden sich die Farben.

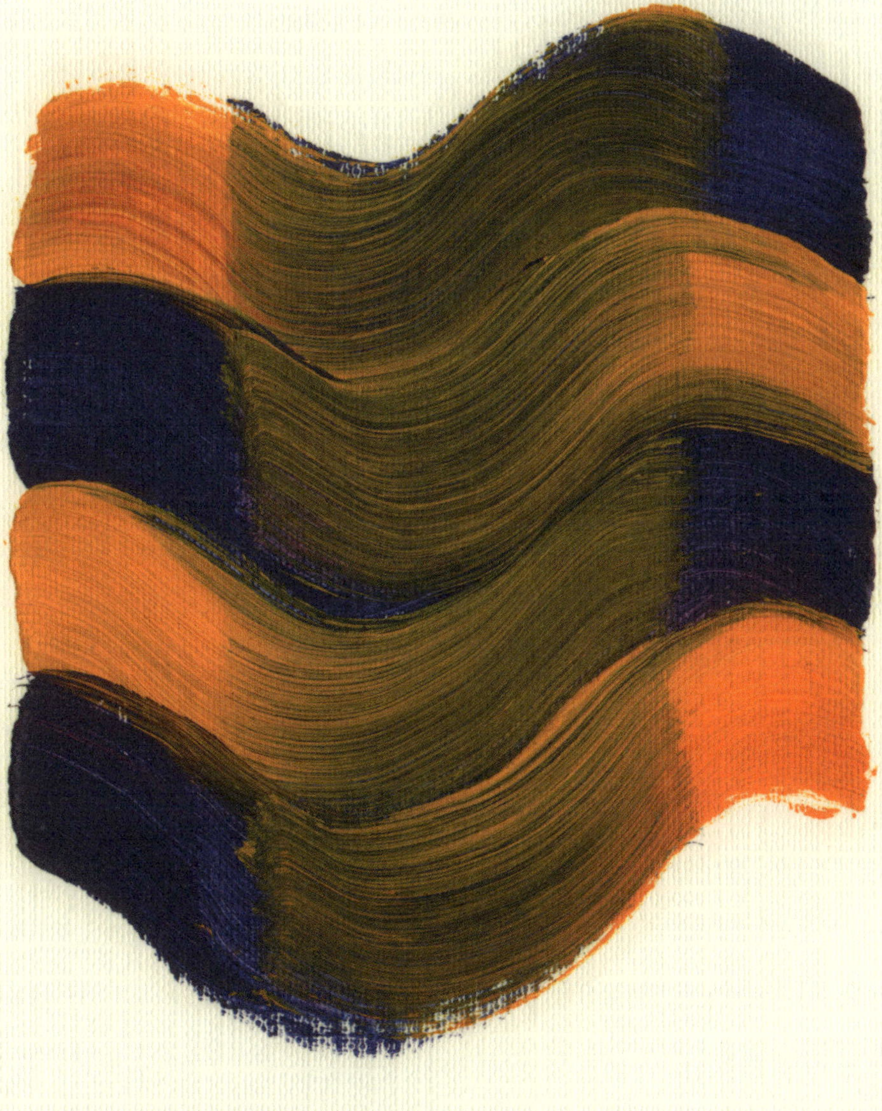

Das Ineinandermischen der Ölfarben im Bild
macht den Malprozess spürbar.

Komplementäre Kontraste

Starke Kontraste im Bild sorgen für Aktivität, für Aufmerksamkeit und Spannung, müssen aber auch einer harmonischen Wirkung nicht zuwiderlaufen. Diese kann sich gerade im Ausgleich von Gegensätzen begründen. Kontrastpaare verstärken sich in ihrer Leuchtkraft und – richtig eingesetzt – balancieren sie sich aus. Komplementäre Kontraste ergeben sich aus dem unvermischten Zusammenwirken zweier Farben, die sich im Farbkreis gegenüberliegen. Vermischen sich zwei komplementäre Pigmentfarben, brechen sie sich idealerweise zu einem fast schwarzen Grau, leichte Abweichungen ergeben Brauntöne. Dagegen entsteht bei der Mischung komplementärer Lichtfarben weißes Licht.

Starke Farbkontraste müssen nicht exakt komplementär sein: Der Kontrast aus Rot und Blau etwa ist in seiner Wirkung und Bedeutung elementar und mindestens so stark wie der, der sich auf den komplementären Farben Rot und Grün gründet. Schon in der gotischen Malerei spielt der Kontrast zwischen Rot und Blau eine wichtige Rolle, weil sich in ihm das Zusammenspiel von aktiv und passiv, von Fleisch und Geist, von Diesseitigkeit und Spiritualität ausdrückt.

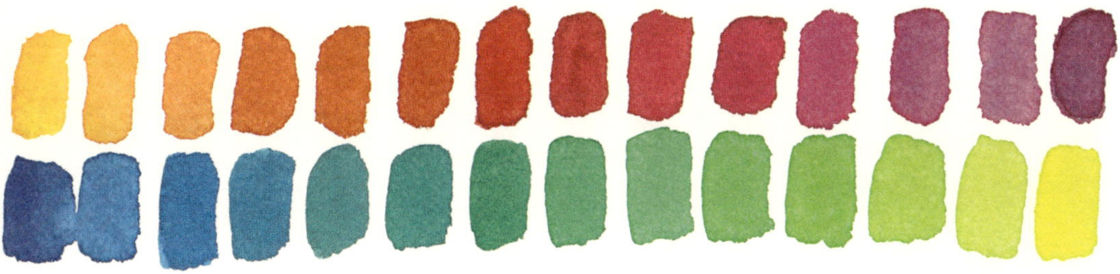

Der kraftvolle Gegensatz aus den Kontrastfarben Rot und Grün sorgt für Spannung. Er kann als anregend und lebendig oder auch als unangenehm flirrend empfunden werden.

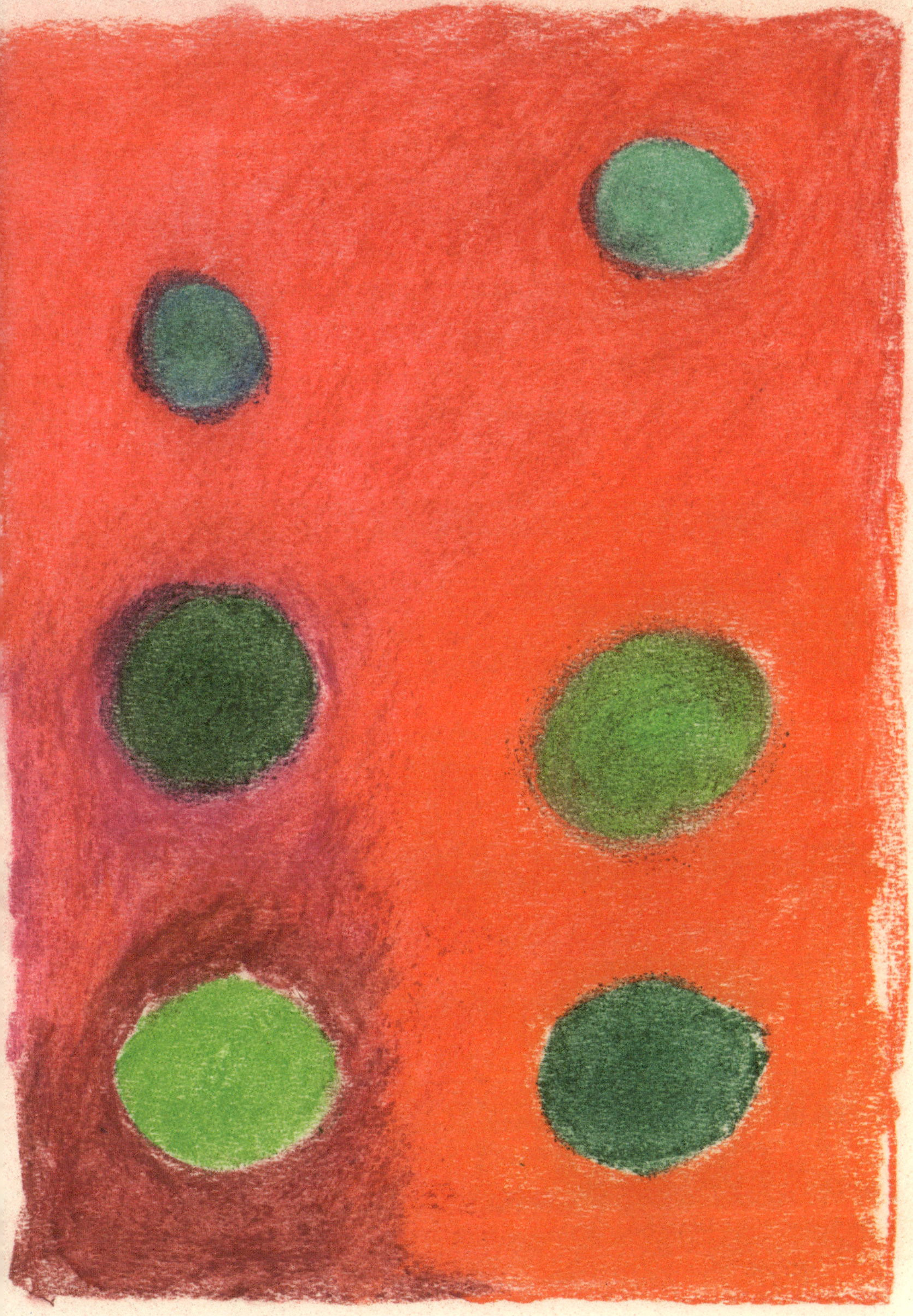

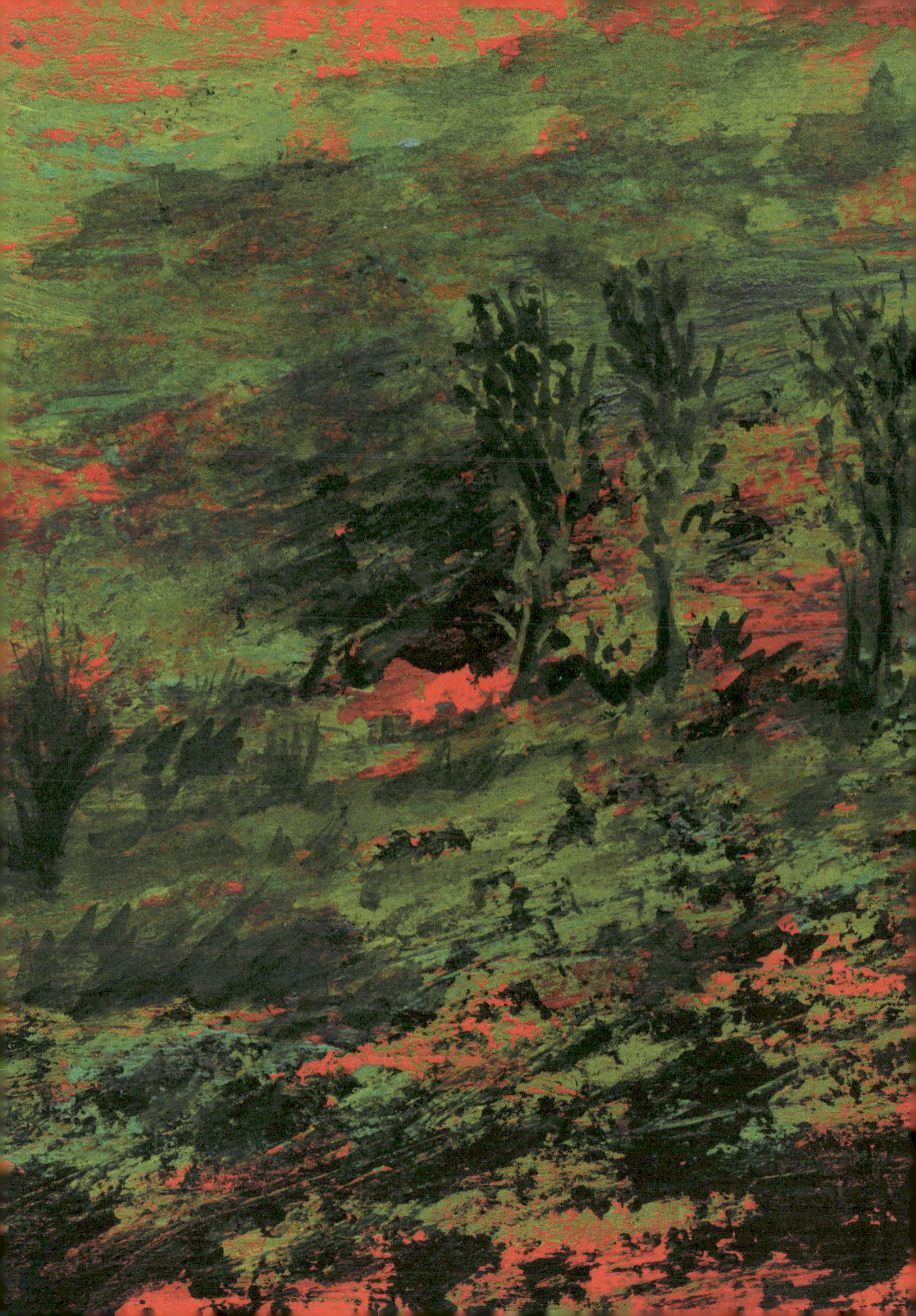

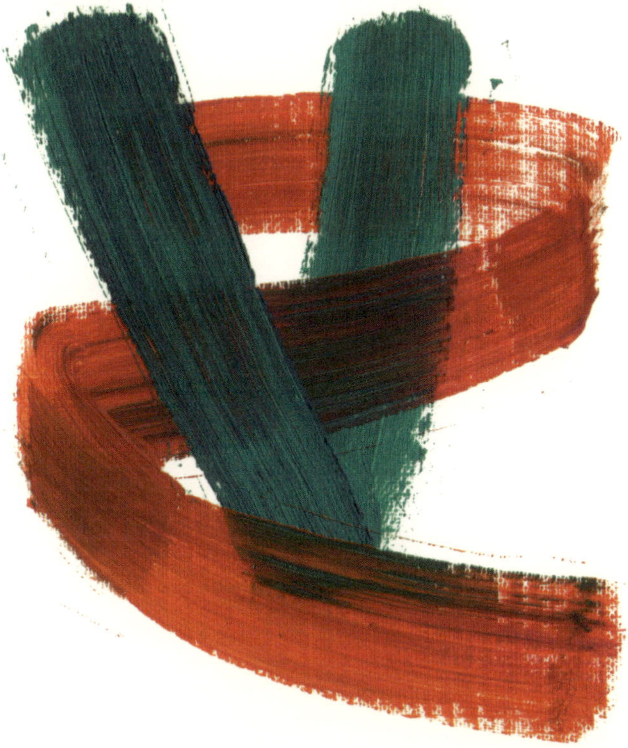

Rot und Grün konkurrieren stark miteinander. Sowohl vom Grauwert als auch von der räumlichen Wirkung her liegen sie – anders als die Kontrastpaare Gelb/Violett und Orange/Blau – nahe beieinander. Vermischen sich die beiden Farben, wird ein nuancenreiches, dunkles Grau daraus.

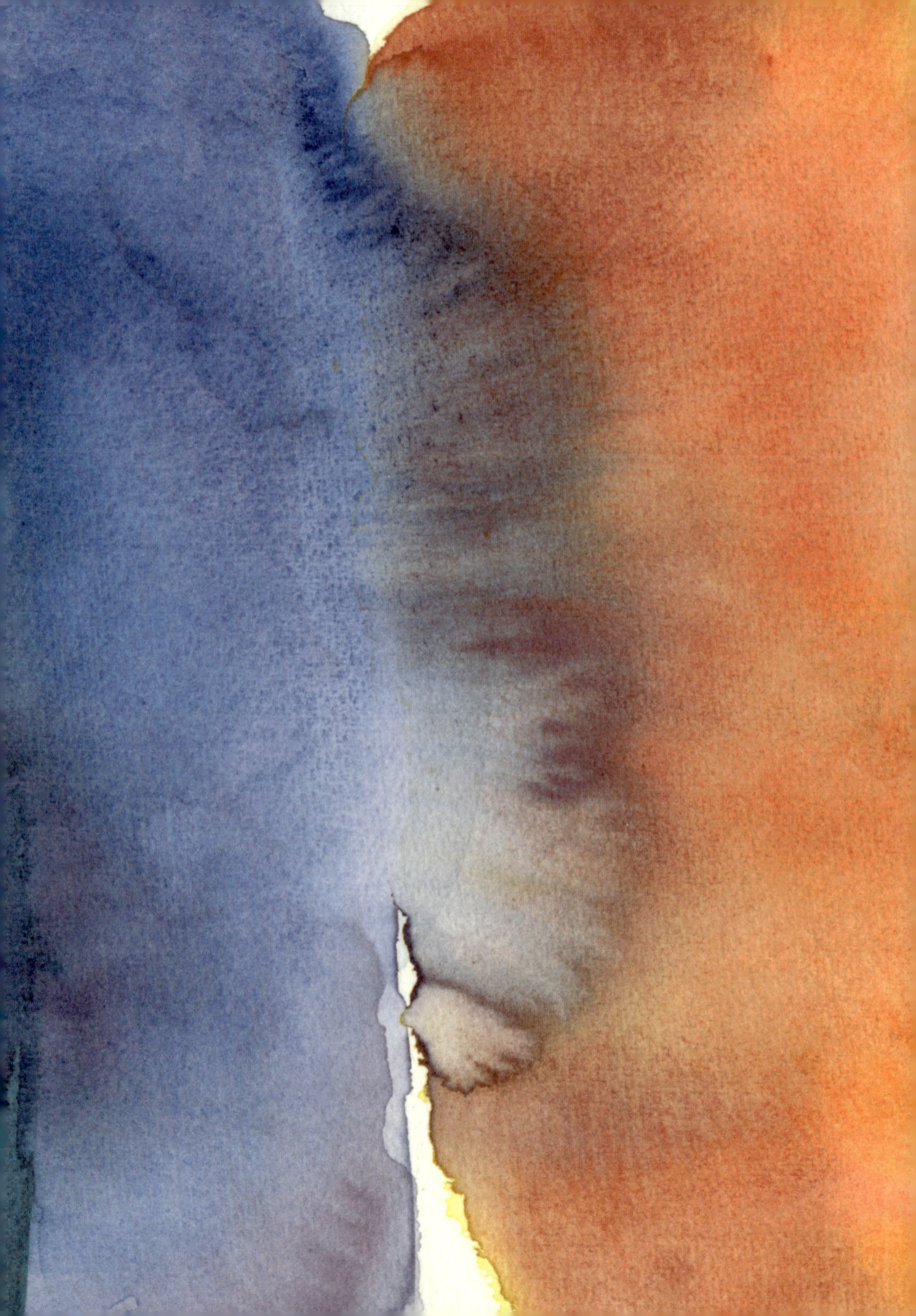

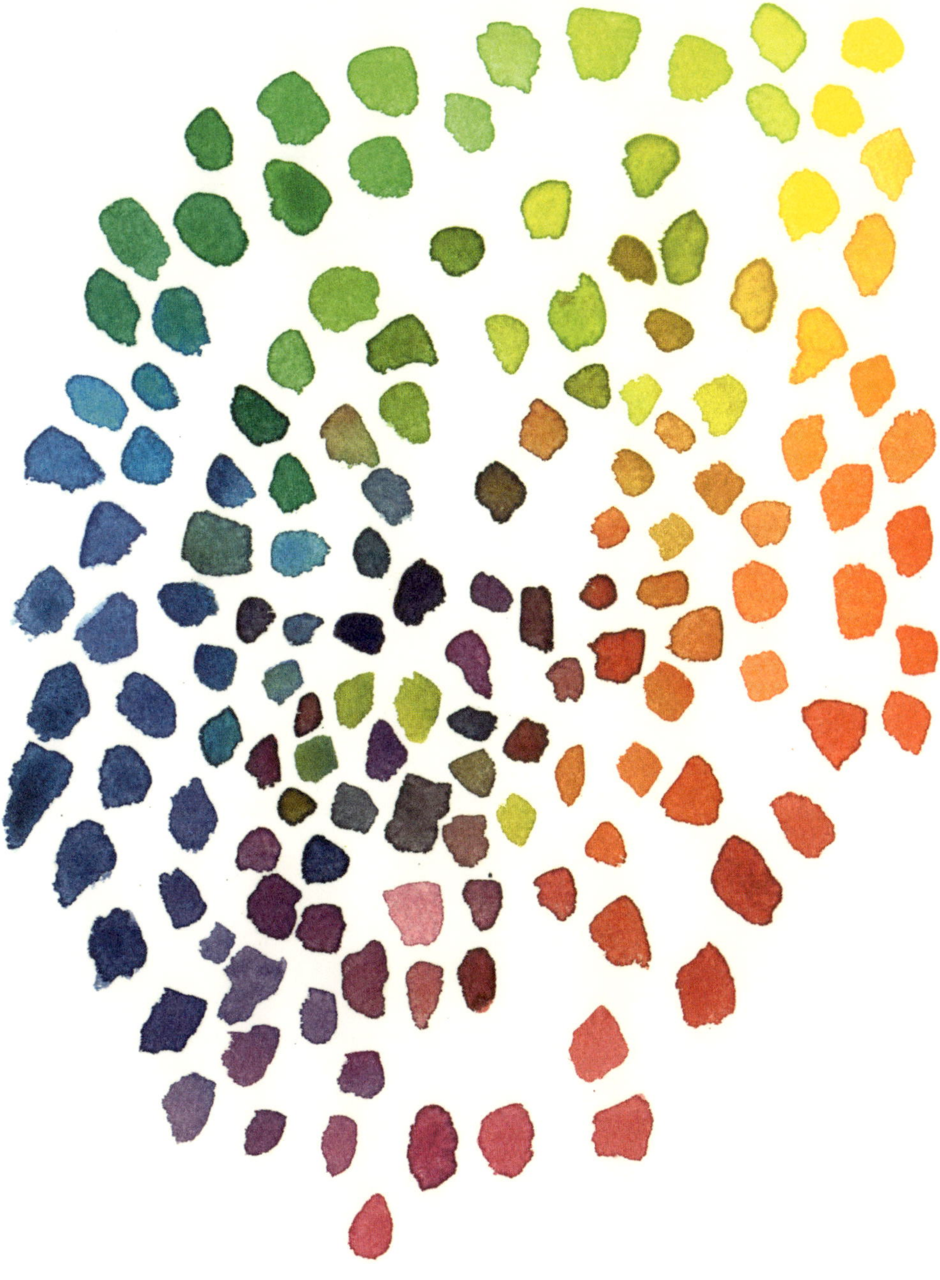

Vermischen sich die Komplementärfarben, büßen sie sofort an Reinheit und Leuchtkraft ein.

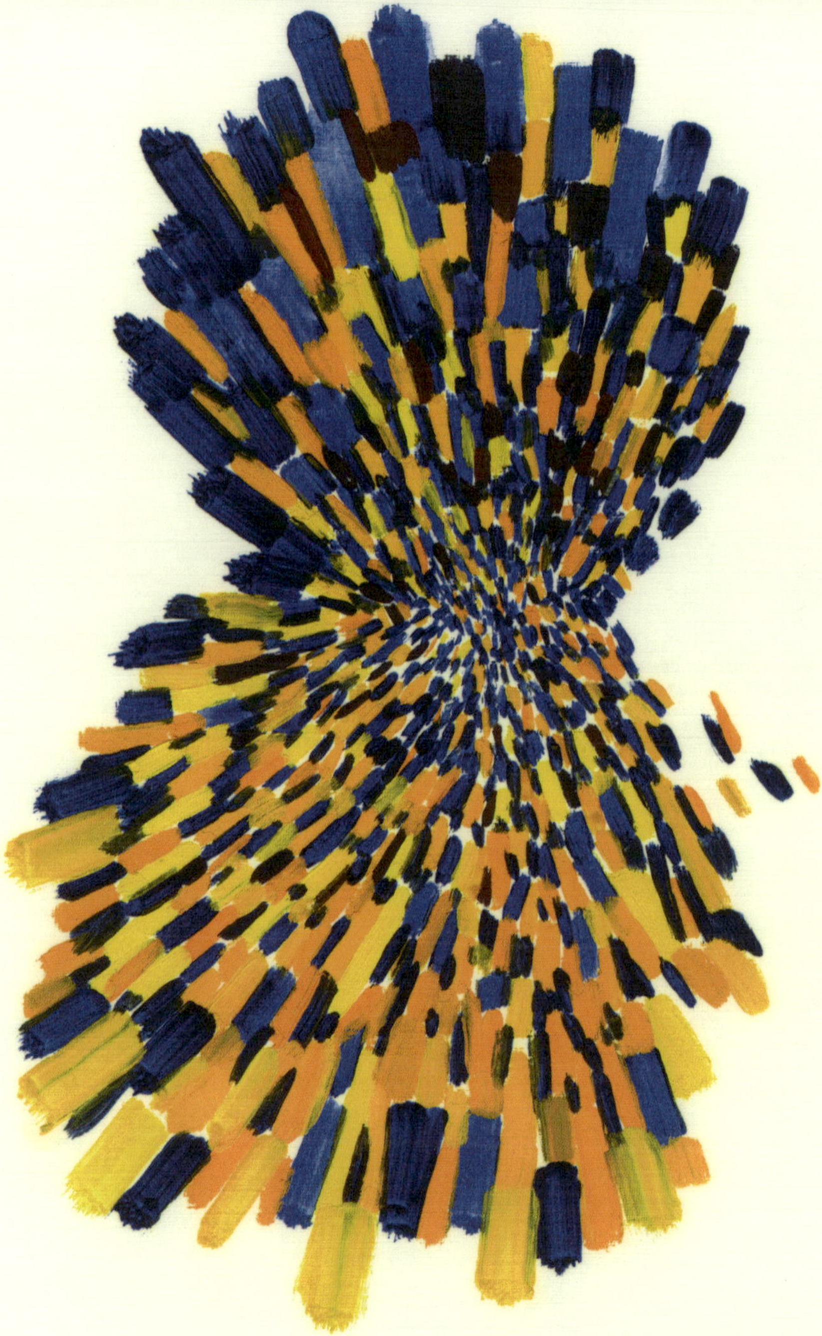

Blau und Gelb bis Orange kontrastieren maximal in ihrem Helligkeitsunterschied und in der Kalt-Warm-Wirkung. Daher sind sie ein besonders spannungsvolles Gegensatzpaar.

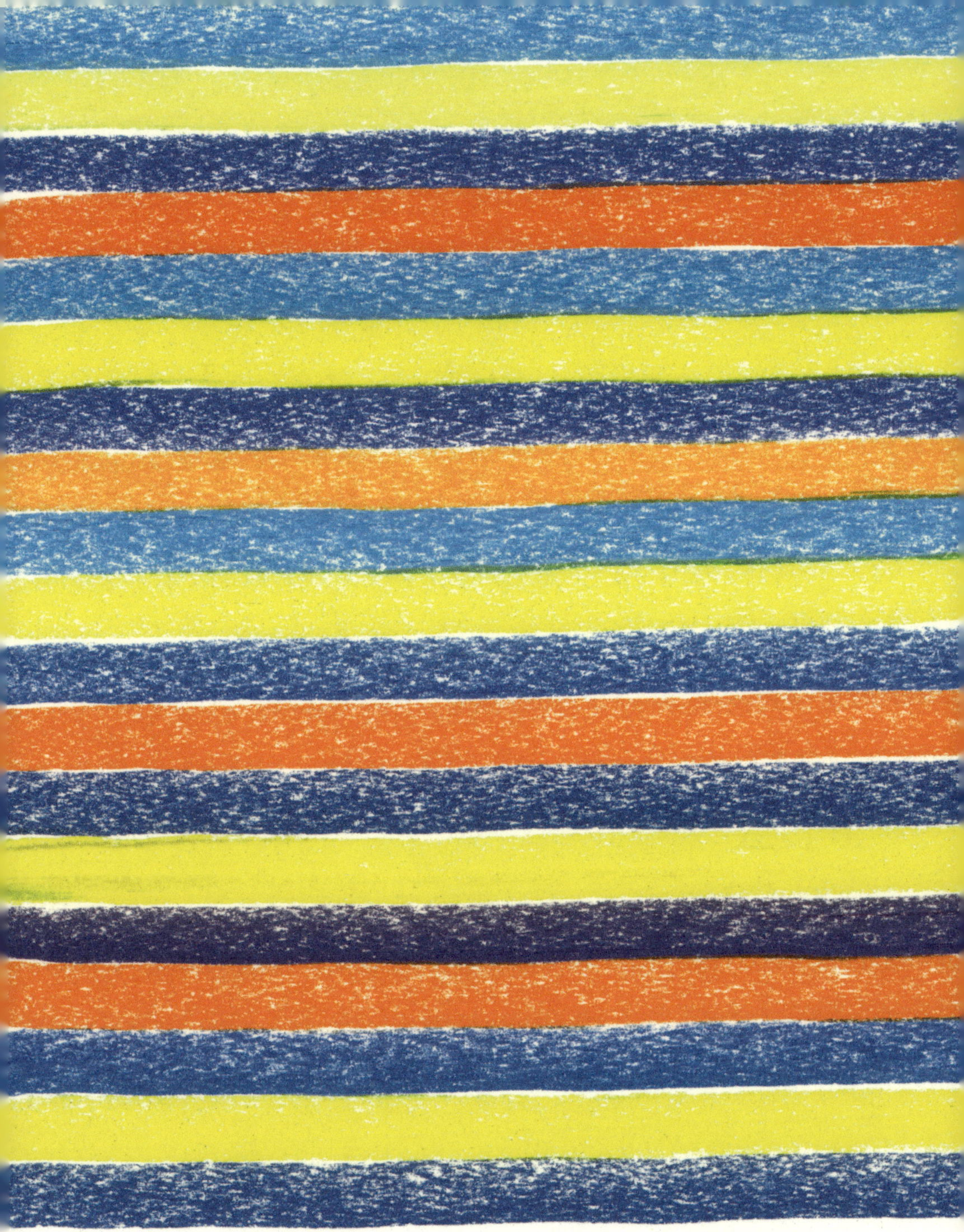

Das Rot orientiert sich stärker zum Gelb hin als zum Blau – auch dank der Vermittlung durch das Orange.

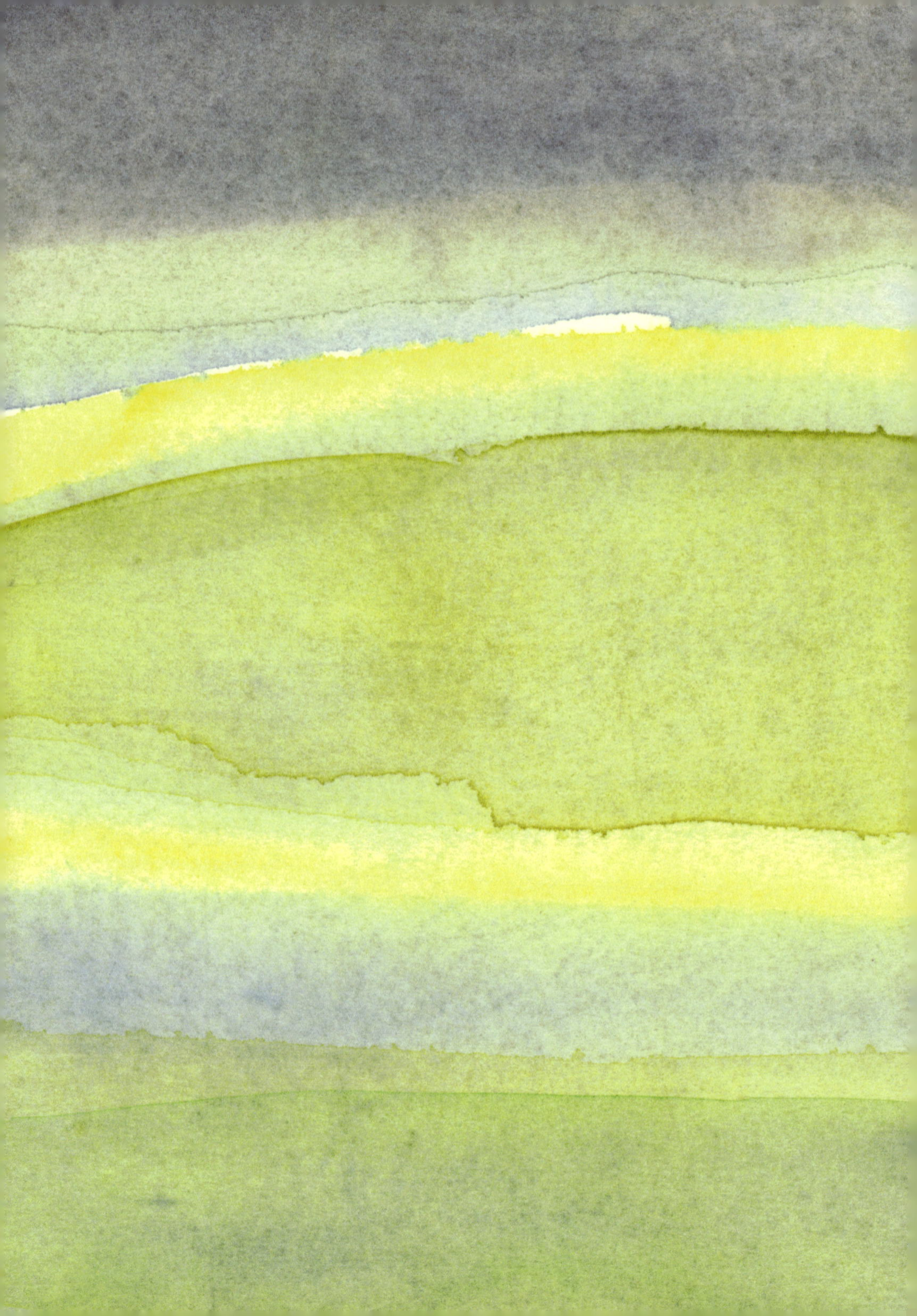

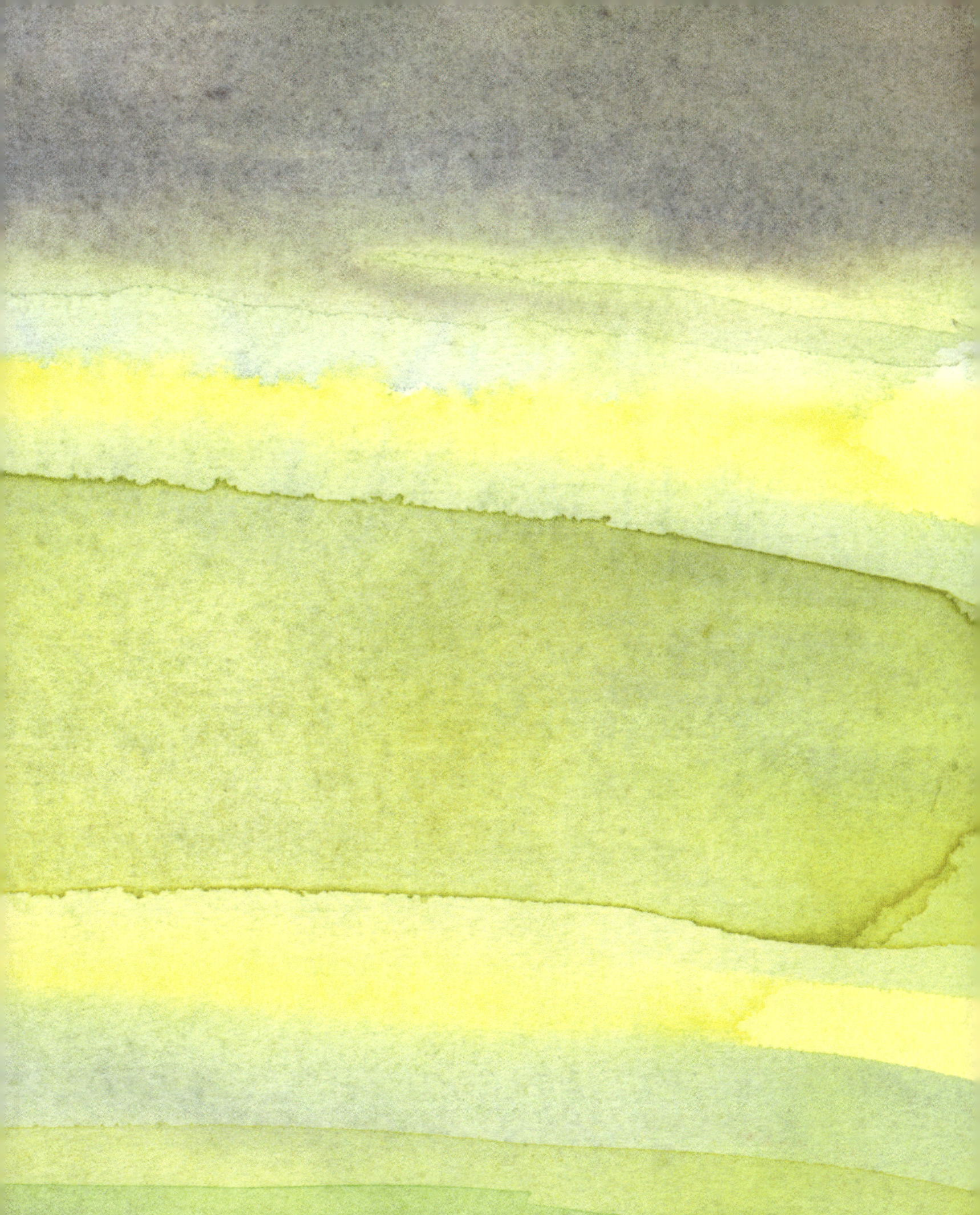

Schon die Nachbarschaft von wenig Gelb reicht aus, um ein eher trübes Violett zu aktivieren. Das Grün vermittelt zwischen den komplementären Farben.

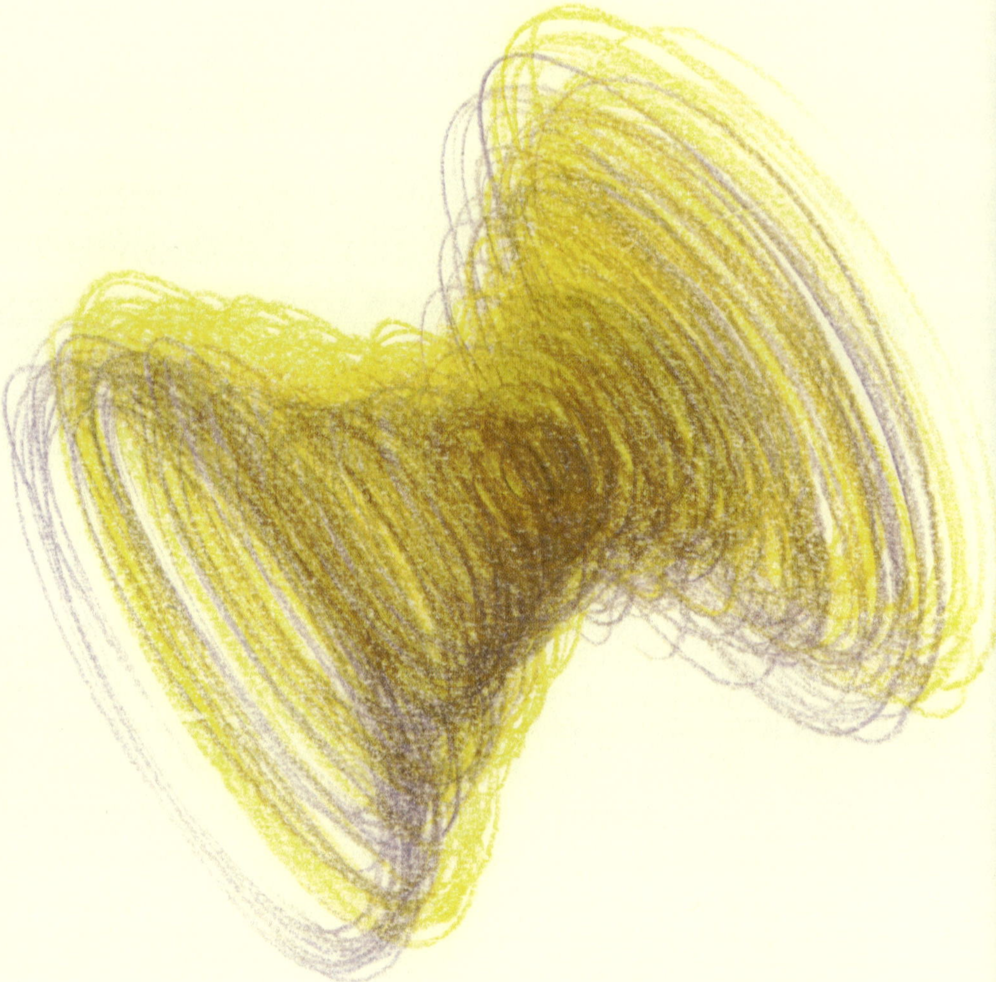

Violett eignet sich gut als Schattenfarbe zu Gelb,
das mit Schwarz vermischt schnell schmutzig wirkt.

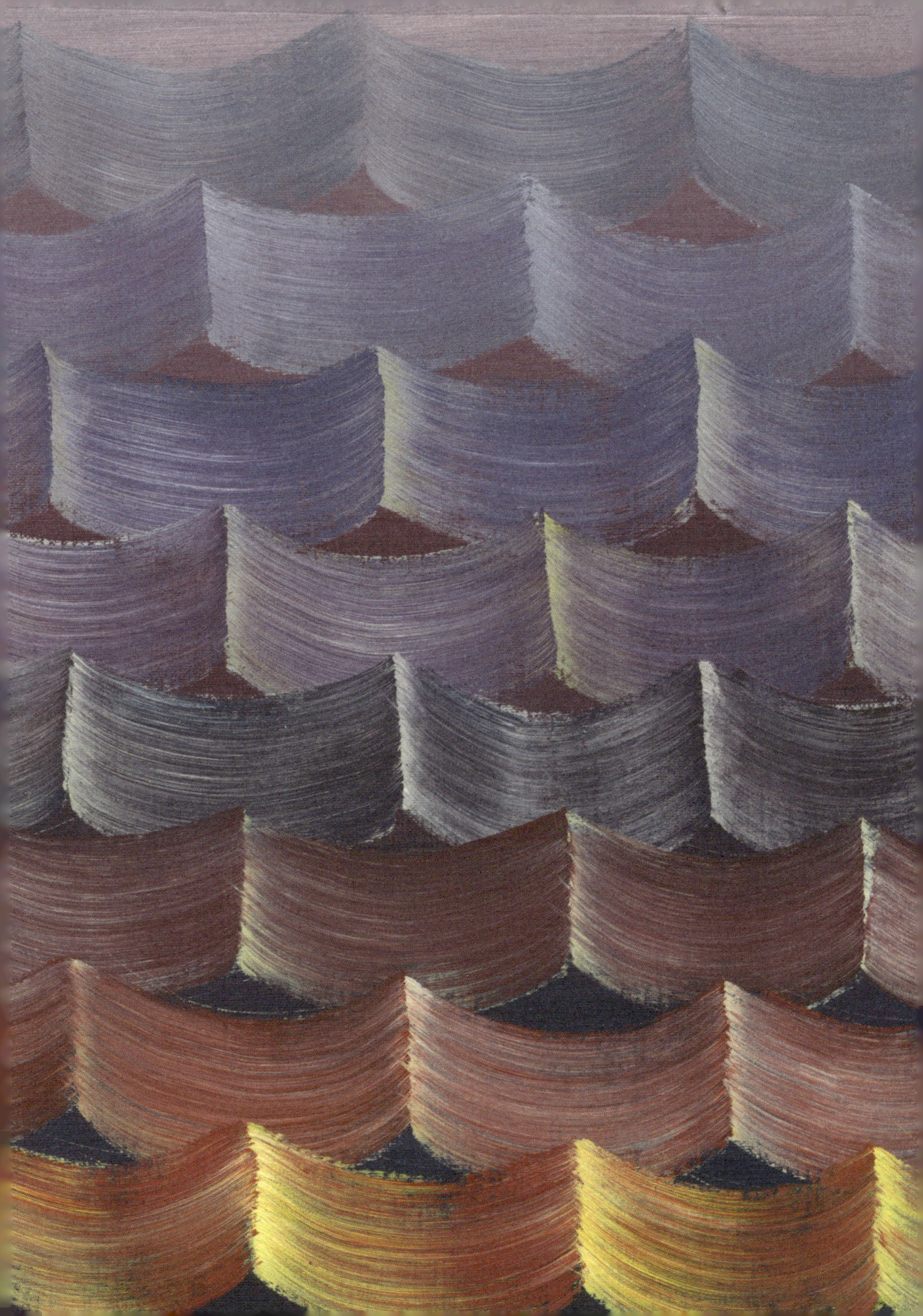

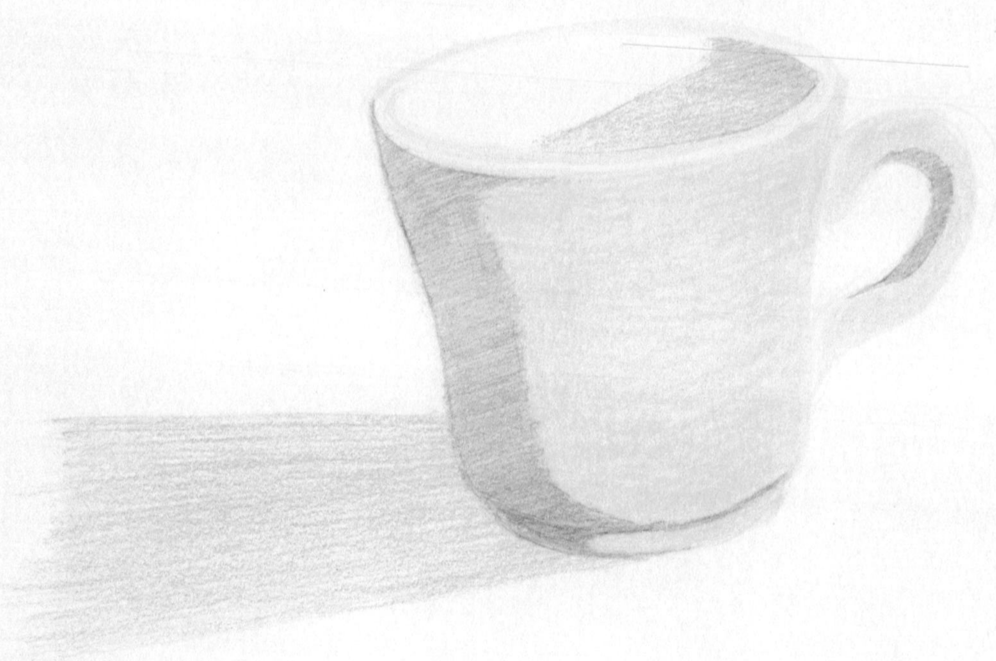

In Gelb lässt sich nur wenig räumlich modellieren.
Aber Blau in den Schattenpartien bringt Volumen in die Form.
Vermischt mit dem Rot, wird das Grün zum Schatten.

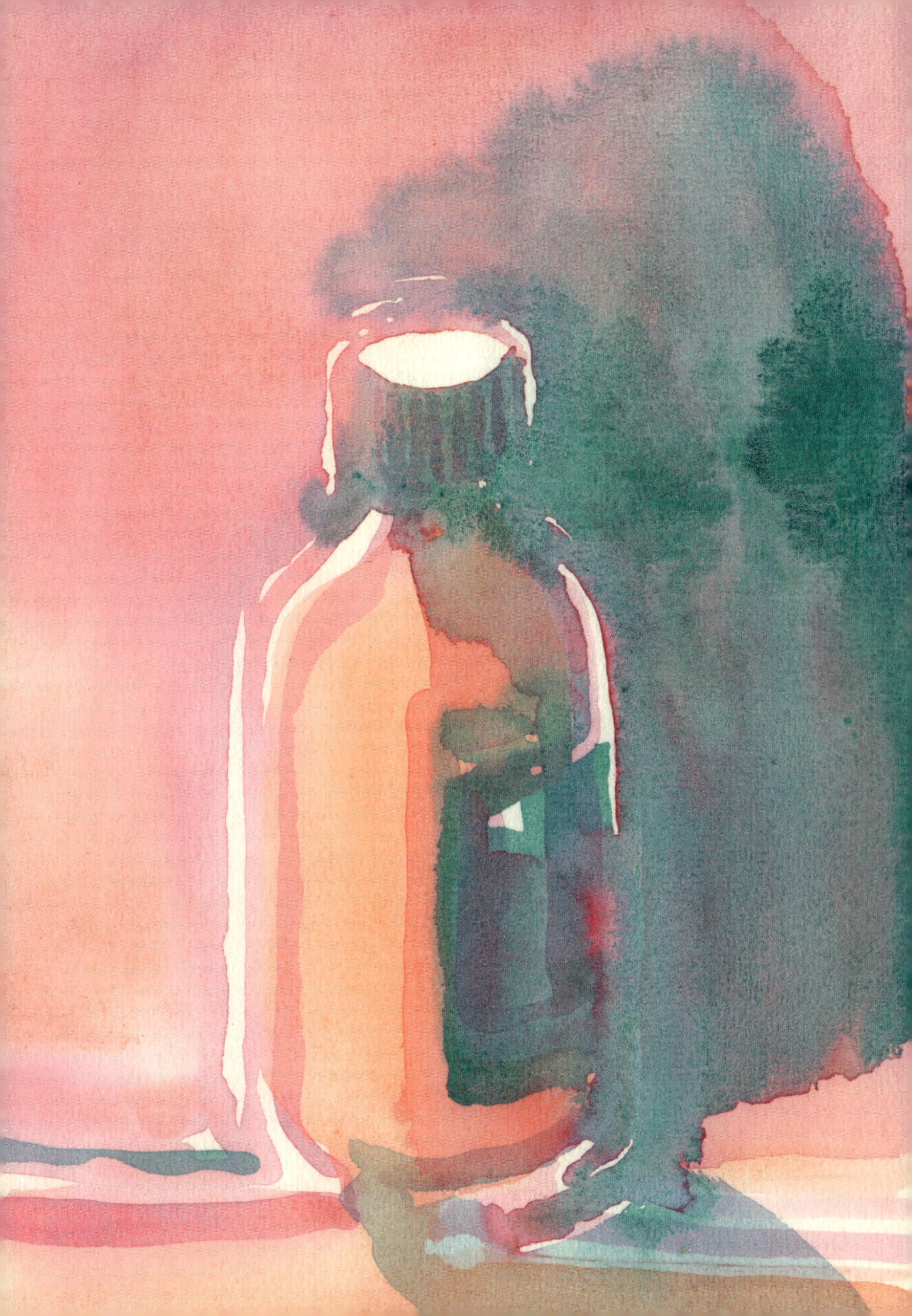

Farbsignale

Farbe macht aufmerksam: auf etwas Attraktives, eine Botschaft, eine Gefahr; oder auf sich selbst. Je ruhiger die Umgebung, desto deutlicher wirkt ein farbiges Signal. Der Mensch hat der Natur viele Wirkungen abgeschaut und diese an seine Bedürfnisse angepasst. Mode, Design, Werbung oder Straßenverkehr arbeiten mit Farbsignalen.

Die häufigsten Signalfarben sind Gelb, Orange und Rot. Ihr hohes Lockpotential verdanken sie ihrer Leuchtkraft. Um die Leuchtkraft mancher Farben weiter zu steigern, hat die Farbenindustrie bestimmte Leuchtpigmente entwickelt, bei denen ein Teil des im Sonnenlicht enthaltenen UV-Lichts in sichtbares Licht umgewandelt und zusätzlich reflektiert wird. So strahlt ein Tagesleuchtorange noch heller als das Weiß des Papiertons, auf den es aufgetragen wird. Im Druck reproduzieren lässt es sich nur als Sonderfarbe.

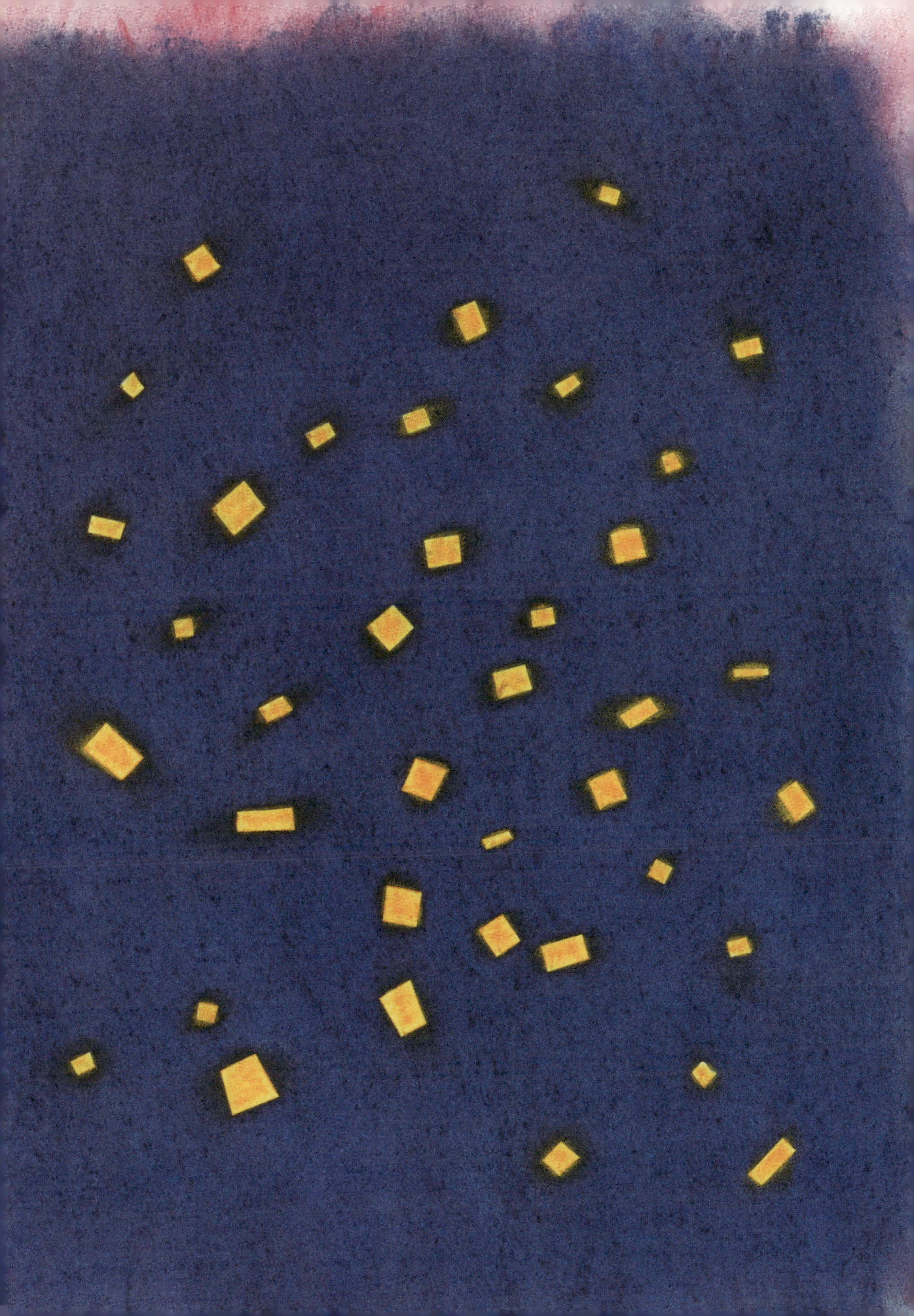

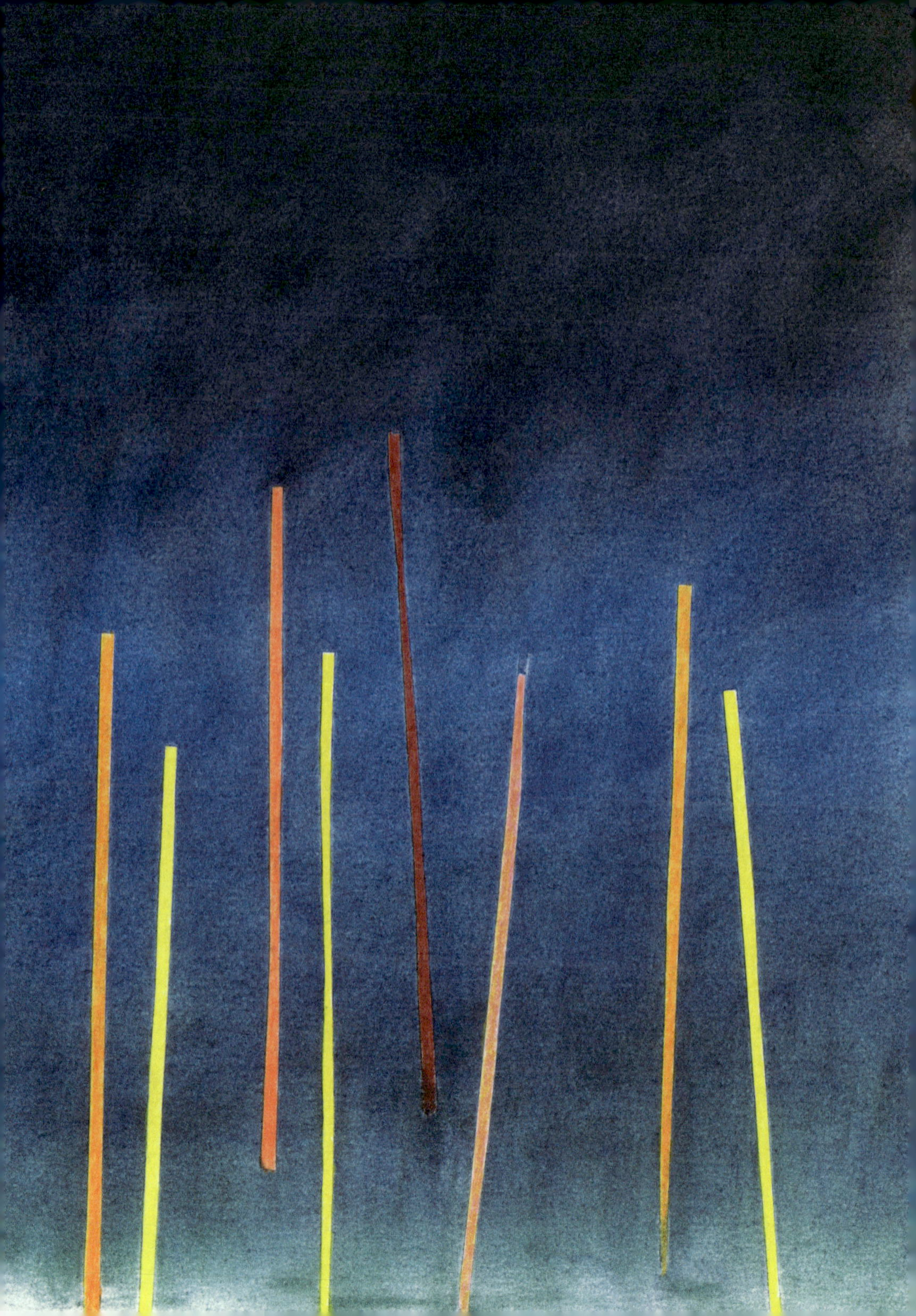

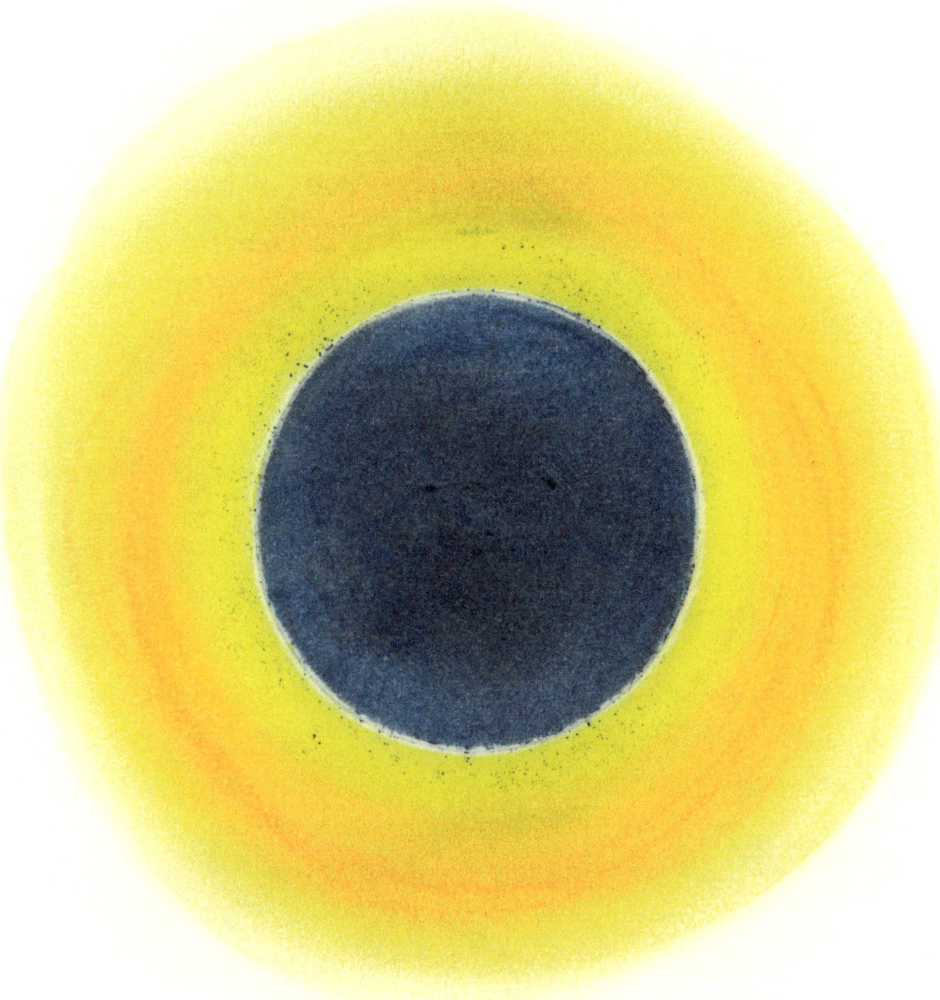

Helligkeits- und Farbtemperaturunterschiede bringen die Farben zum Leuchten. Das gelbe Strahlen ums Blau herum ist vehementer als beim Übergang zum weißen Papier.

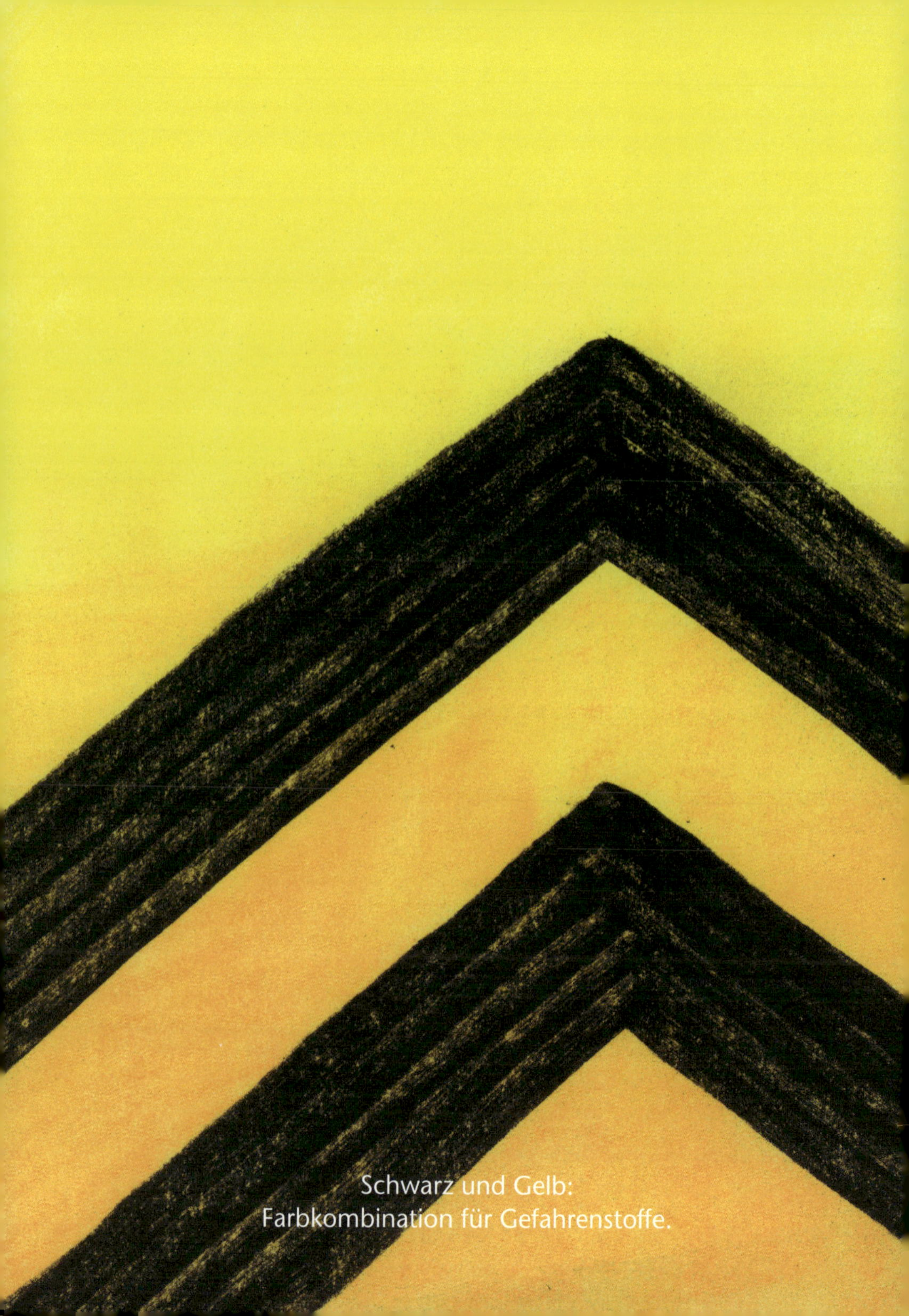

Schwarz und Gelb:
Farbkombination für Gefahrenstoffe.

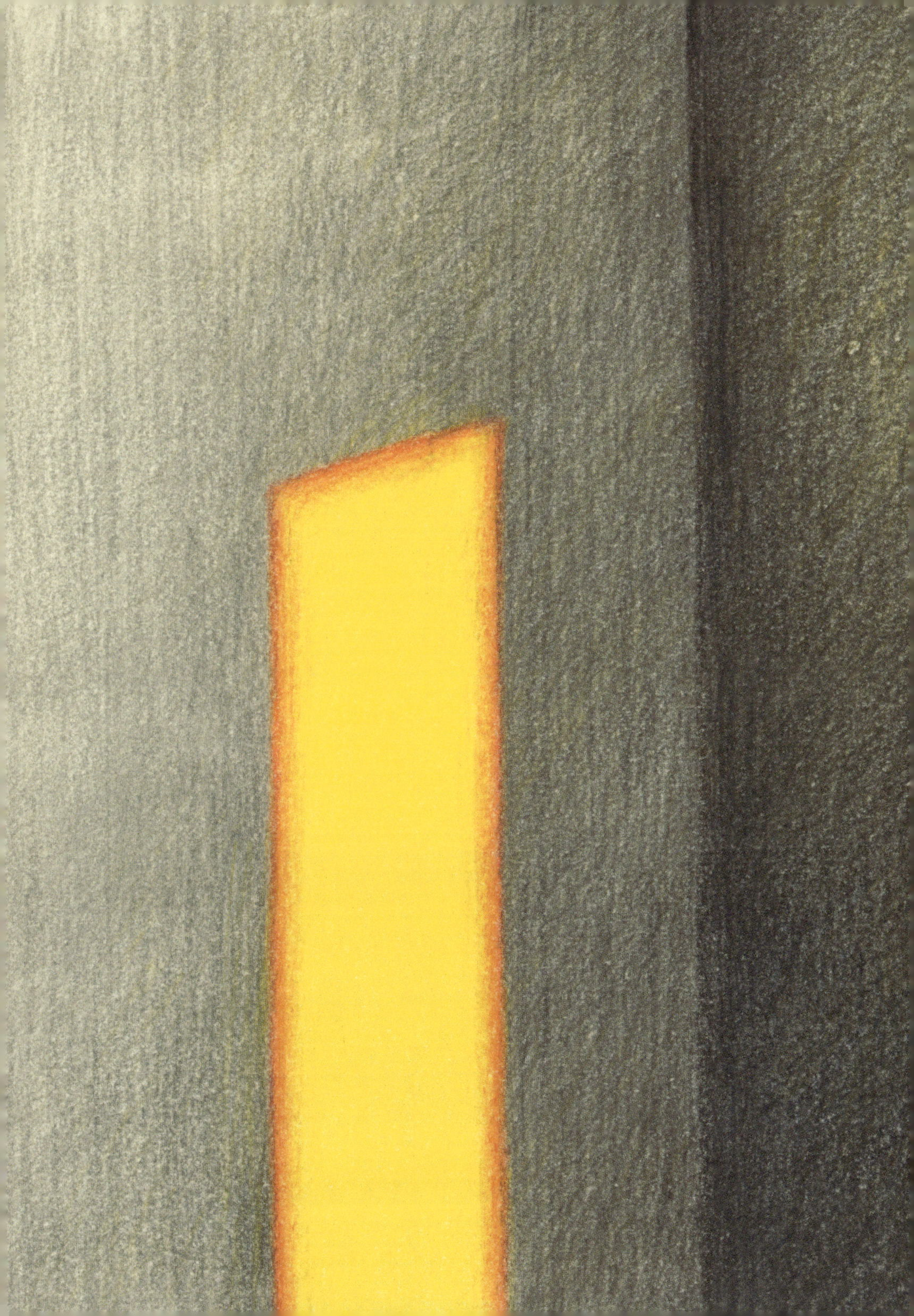

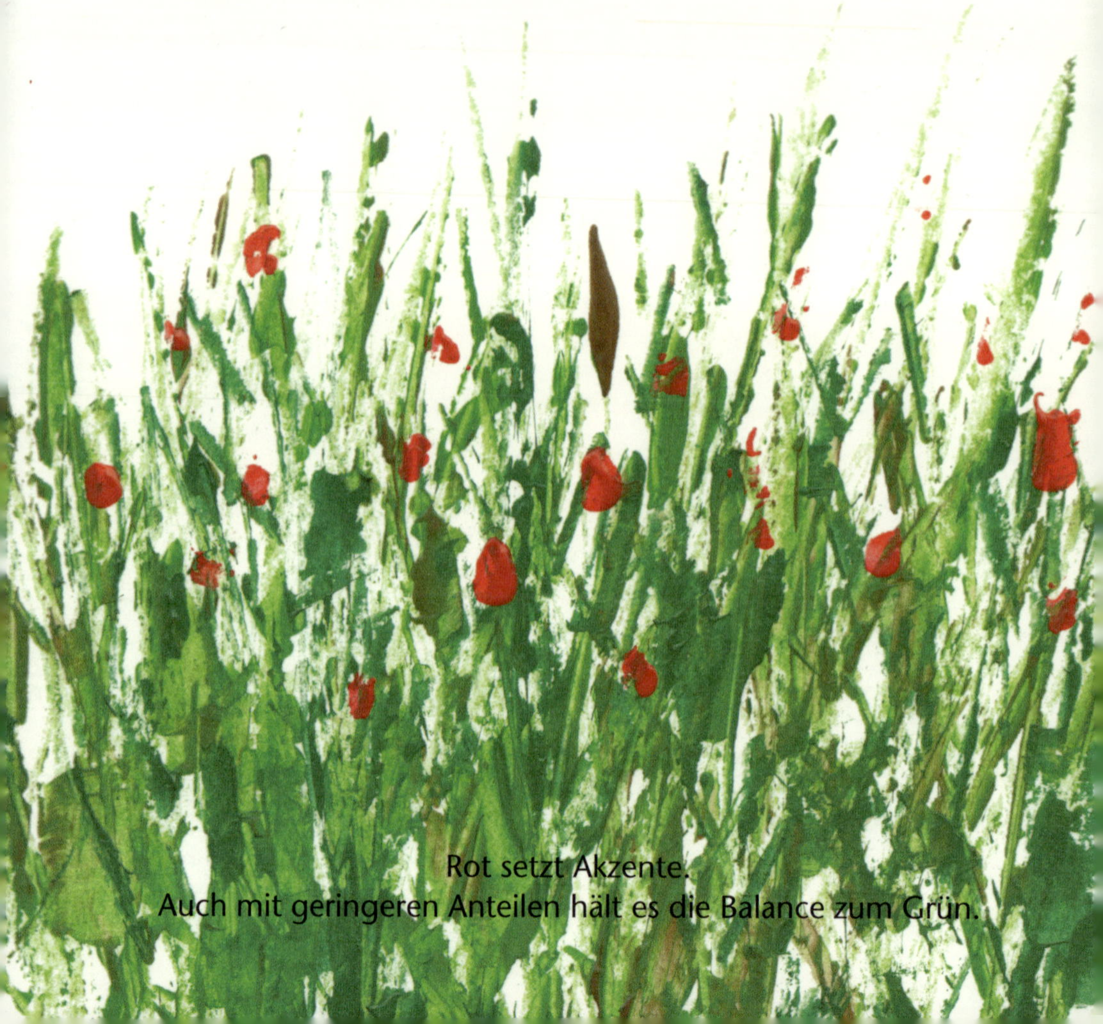

Rot setzt Akzente.
Auch mit geringeren Anteilen hält es die Balance zum Grün.

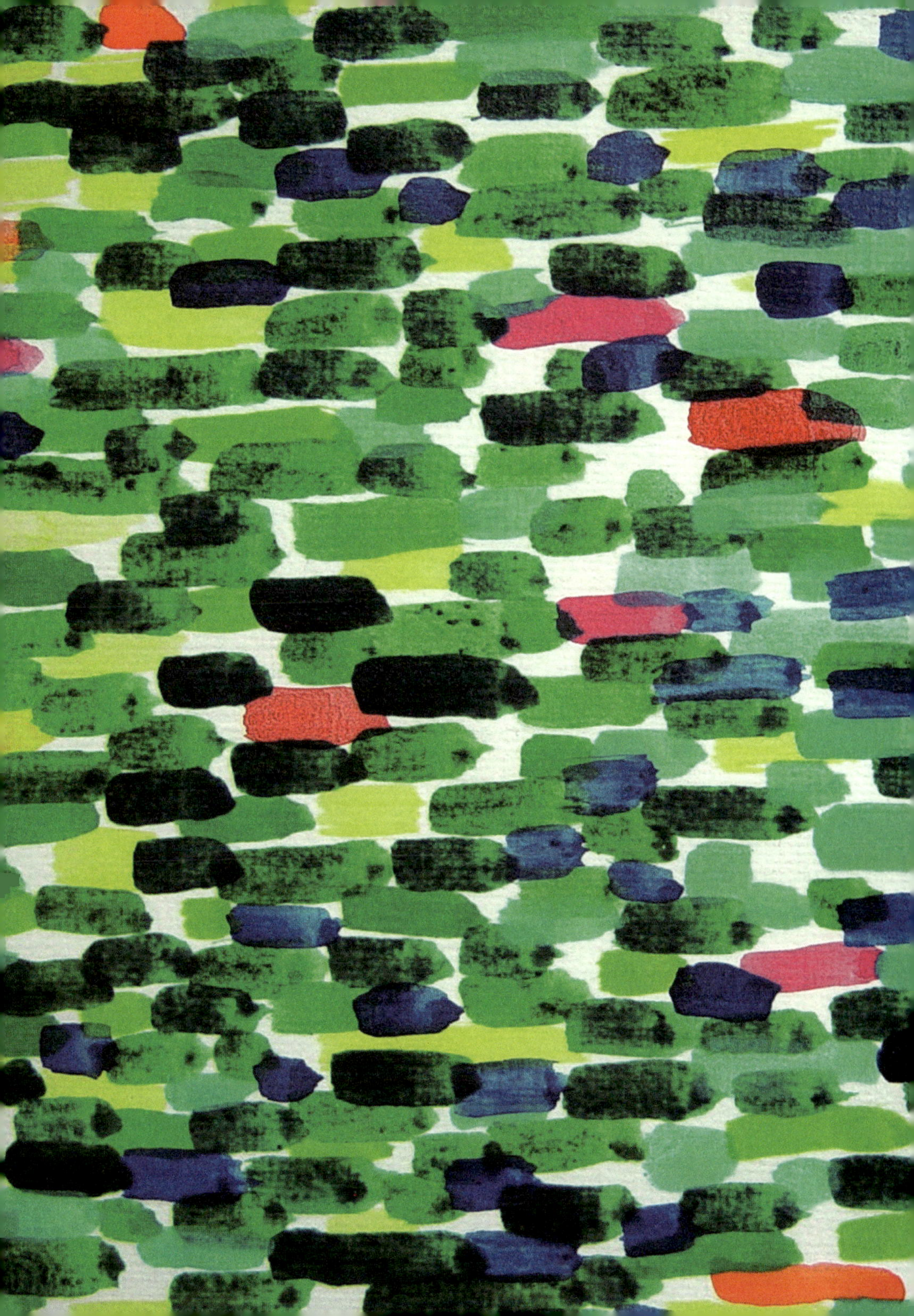

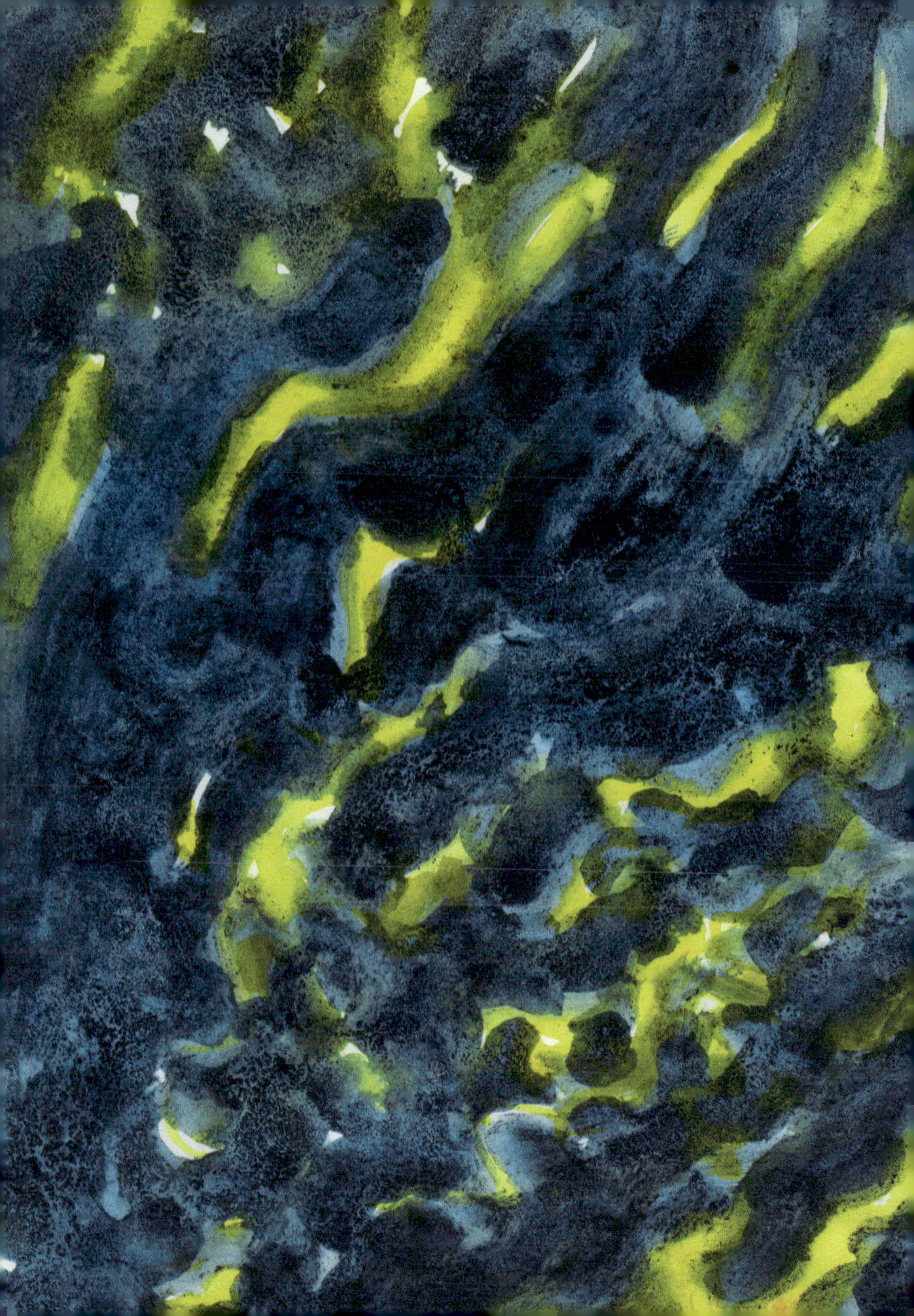

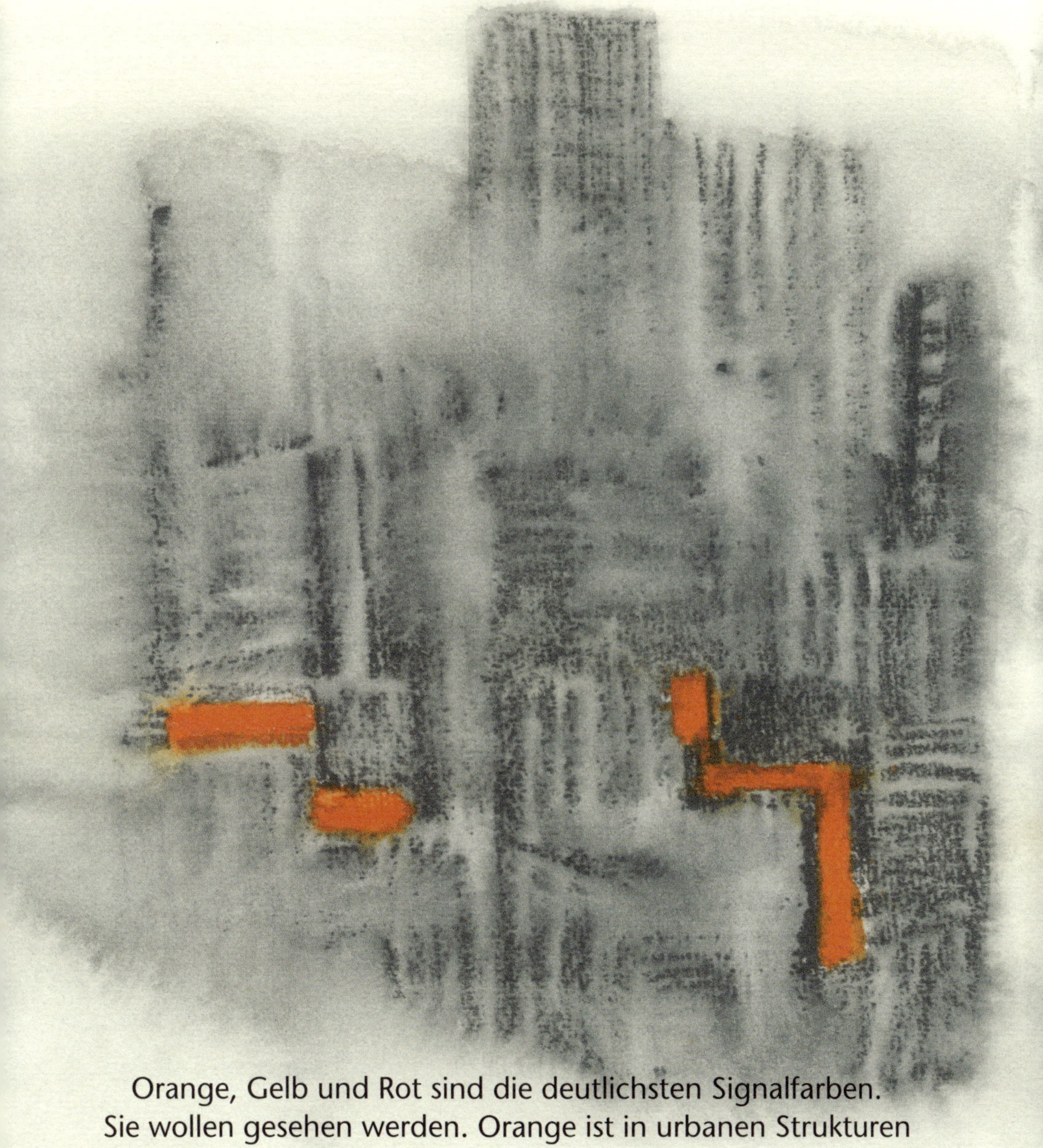

Orange, Gelb und Rot sind die deutlichsten Signalfarben. Sie wollen gesehen werden. Orange ist in urbanen Strukturen häufig mit Service-Charakter verbunden.

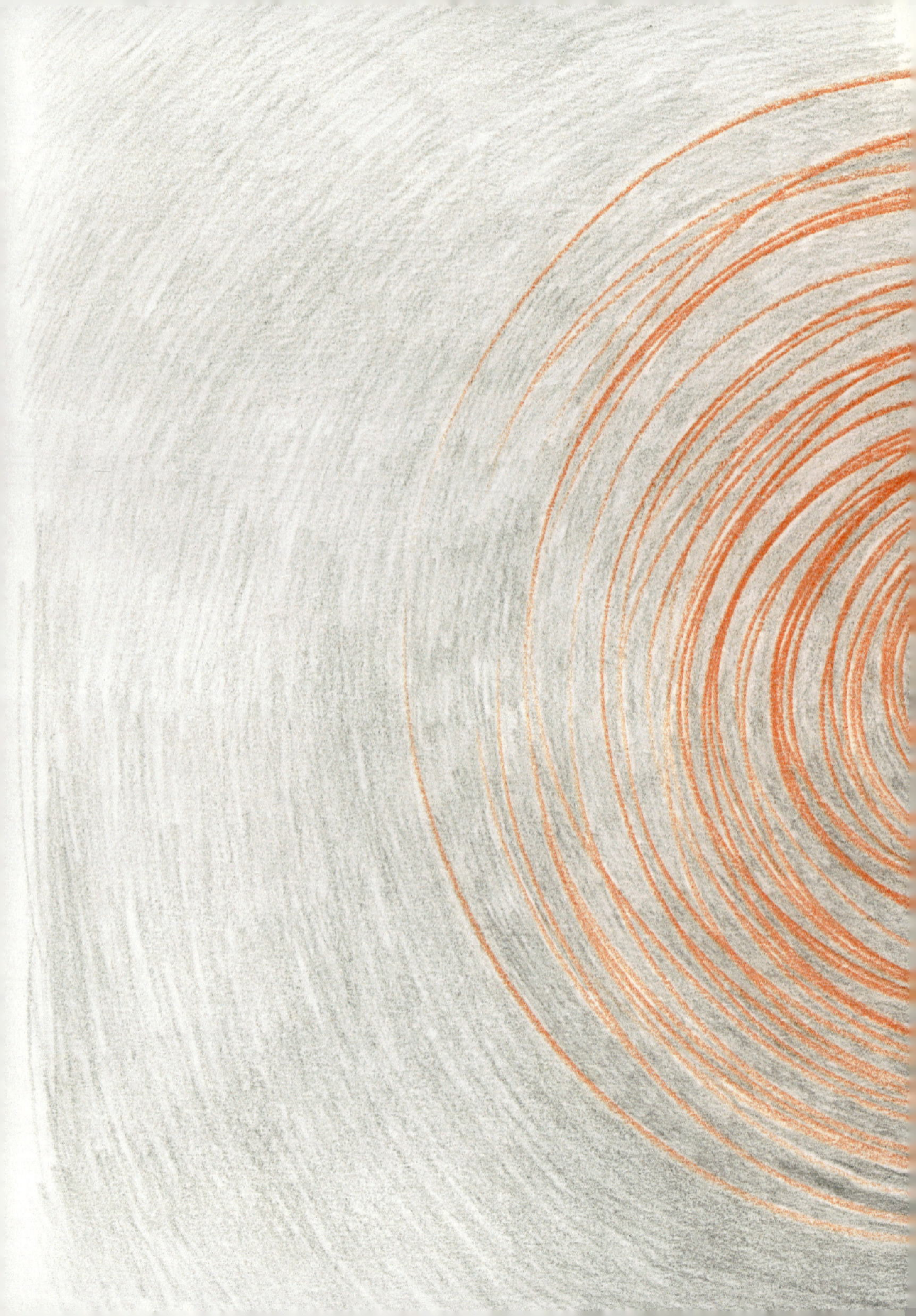

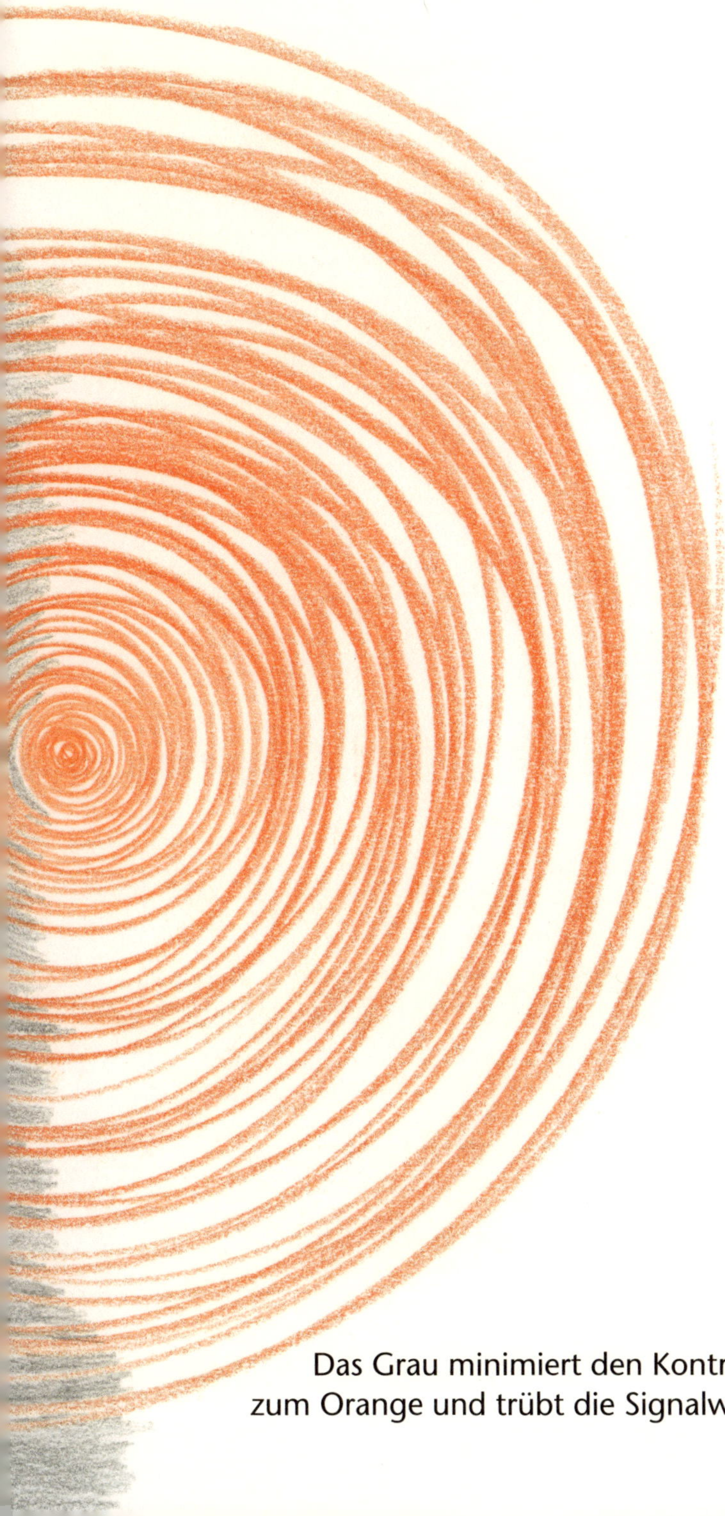

Das Grau minimiert den Kontrast
zum Orange und trübt die Signalwirkung.

Kalt und warm

Die Zuordnung bestimmter Farbtöne zu einer Temperaturempfindung ist elementar für das Gestalten mit Farben. Rotorange wird meist als das warme und Türkisblau als das kalte Ende des Spektrums empfunden. Ein Magenta und ein mittleres Grün können als ungefähr gleich warm eingestuft werden. Aber innerhalb der Farbtonskala einer Farbgruppe gibt es Unterschiede: Rotstichiges Ultramarin etwa ist wärmer als Cyan, Magenta kühler als Krapplack oder Karmin; auch Grün erstreckt sich von einem frostigen Ton bis zu einem sommerlich warmen Gelbgrün. Durchgängig macht die Trübung von Farben mit Weiß, also ihr Abmischen ins Pastellige, sie eher kühler.

Darüber hinaus ist auch das Zusammenwirken einer Farbe mit einer anderen entscheidend: Das gleiche Rot kann neben Orange kühl und neben Blau warm wirken, weil in der Wahrnehmung die Unterschiede gegenüber den absoluten Werten überwiegen. Zudem ist das Temperaturempfinden auch kulturell keineswegs unveränderlich, so galt noch im Mittelalter Blau als warme Farbe.

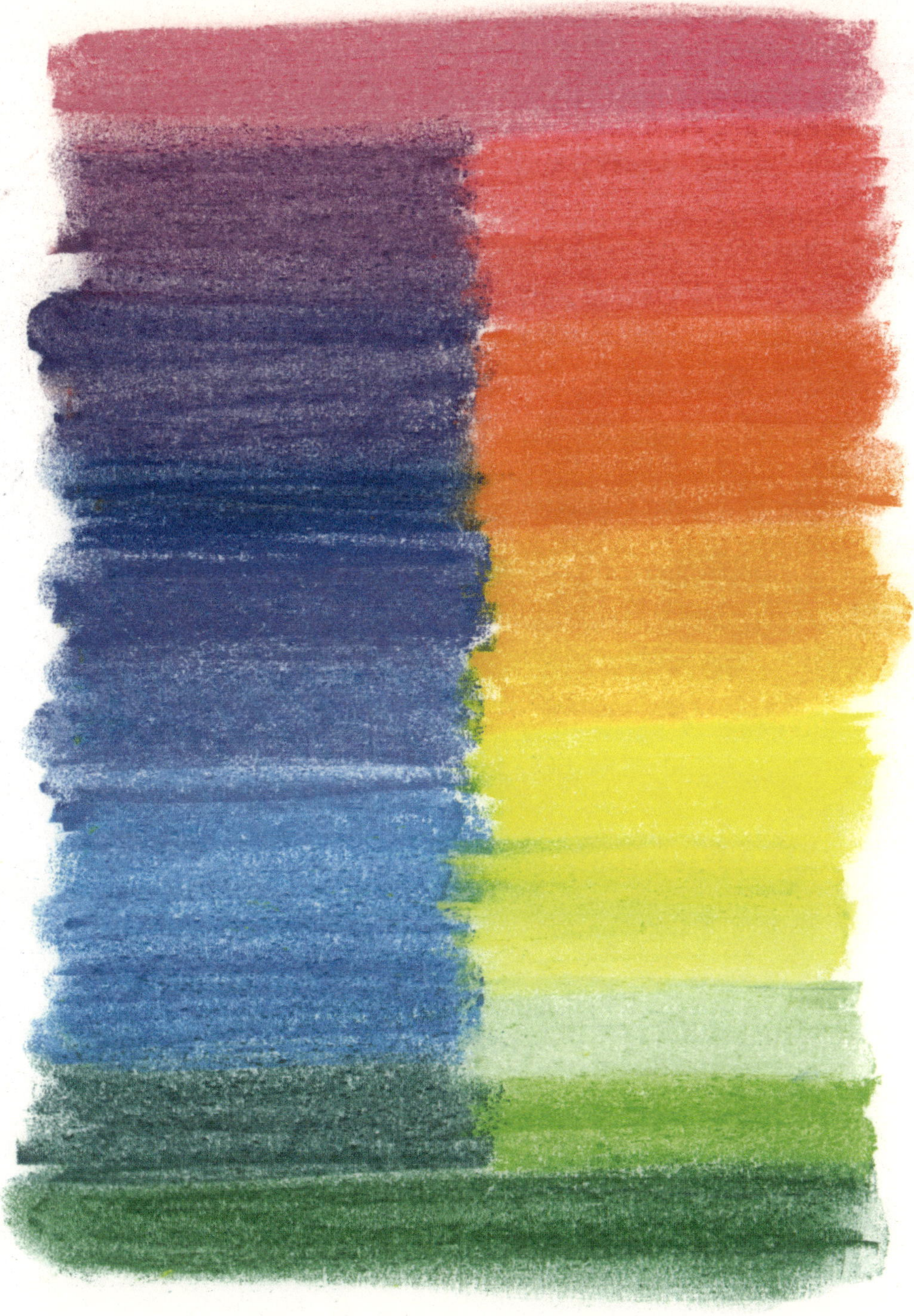

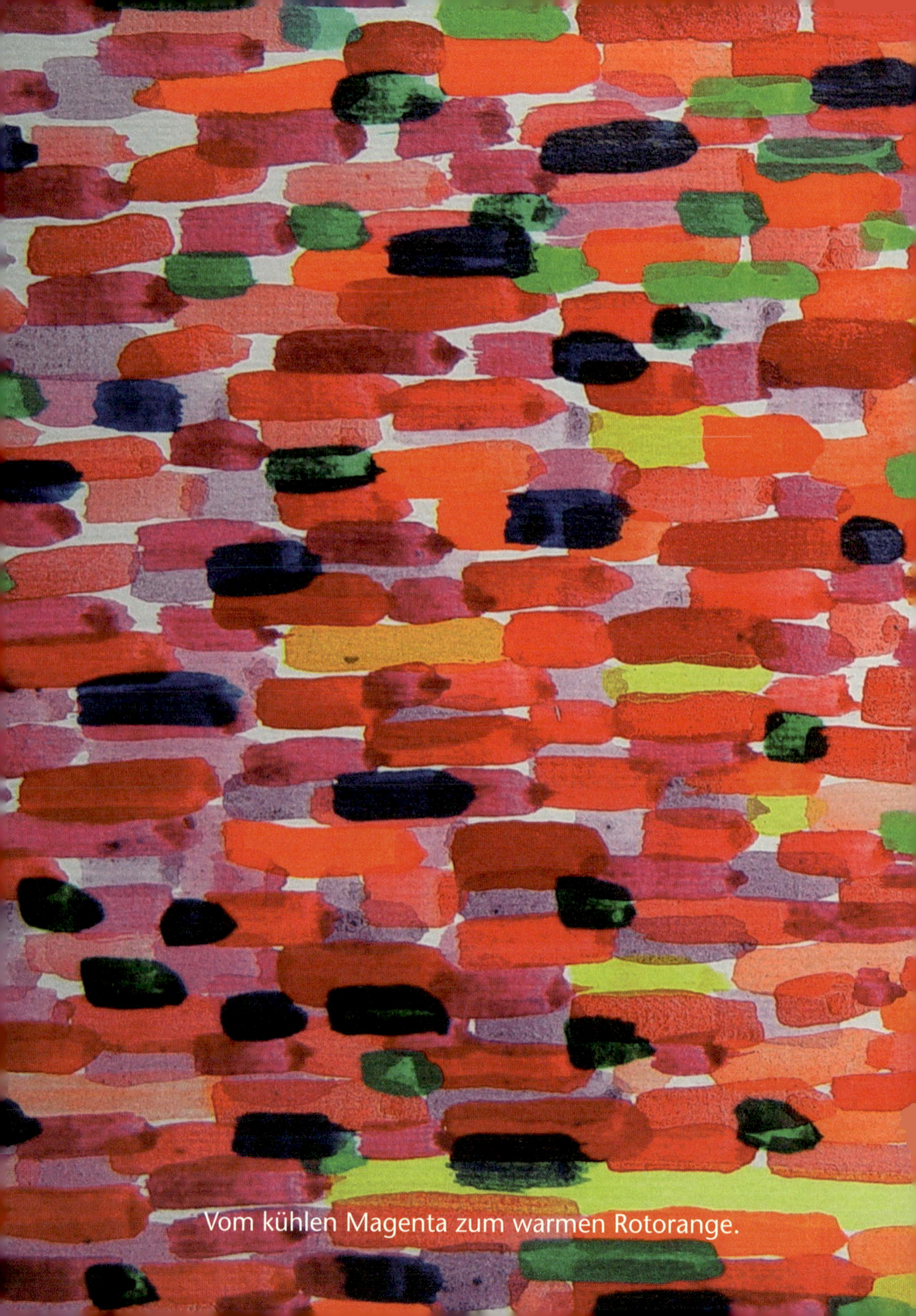

Vom kühlen Magenta zum warmen Rotorange.

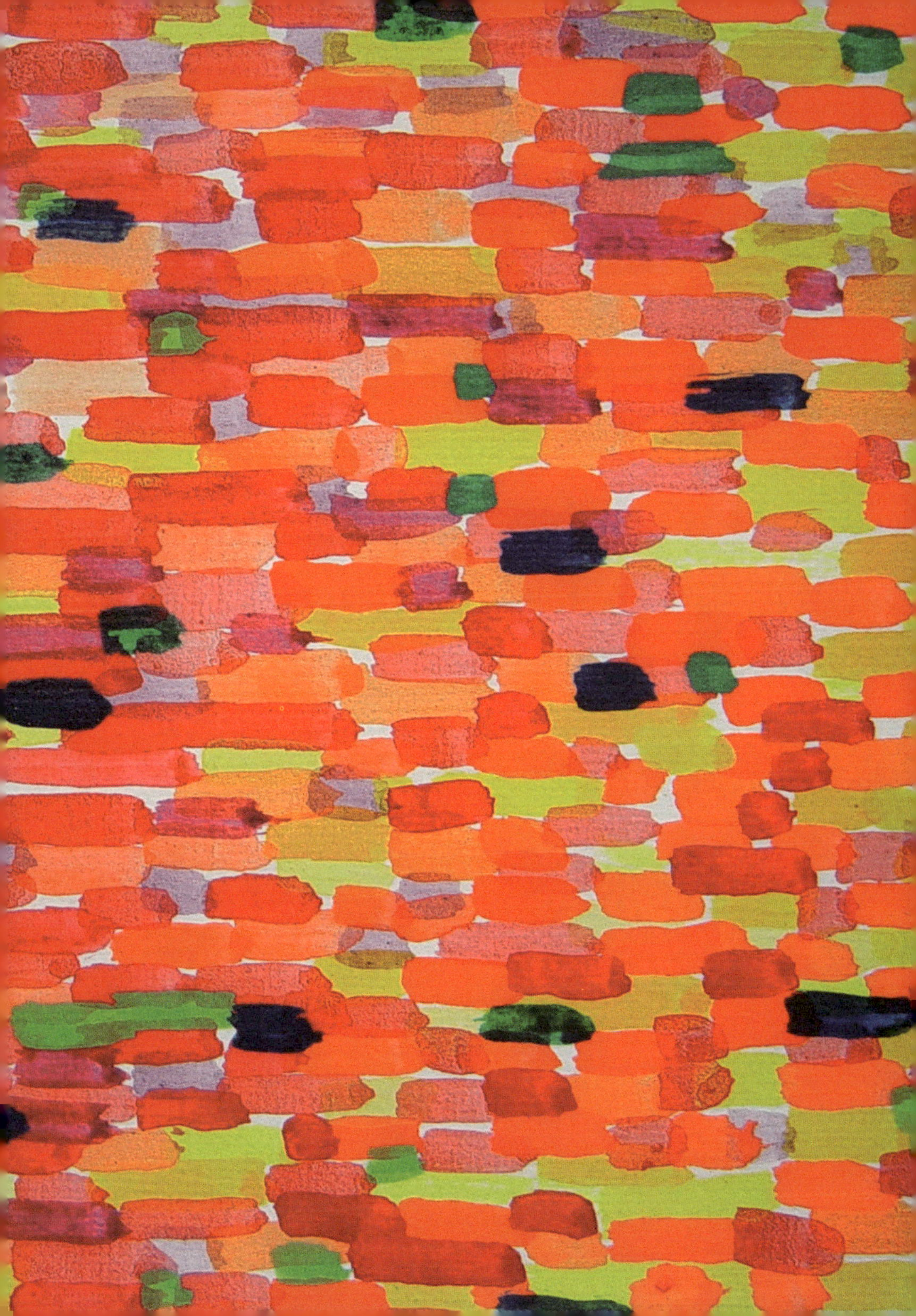

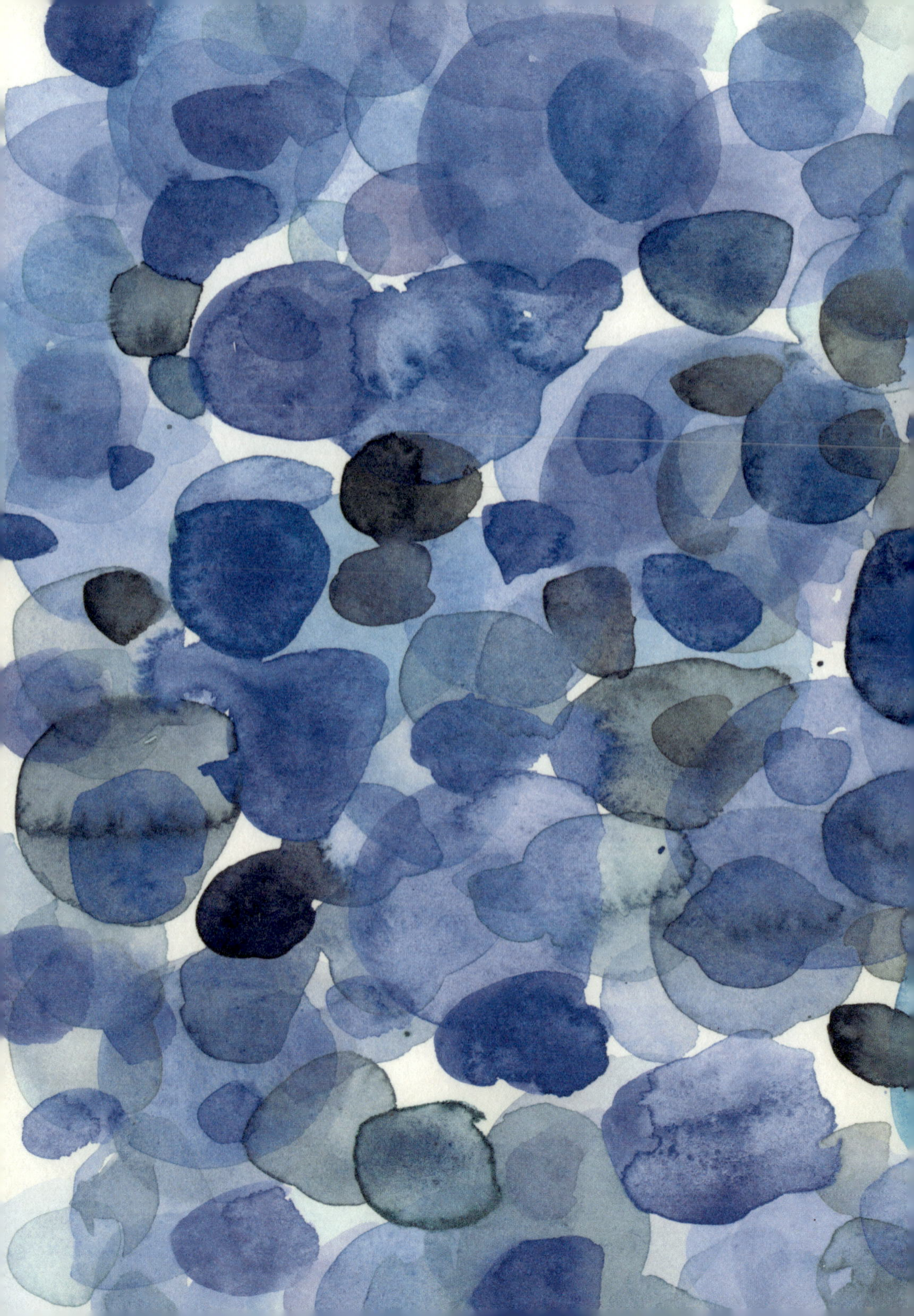

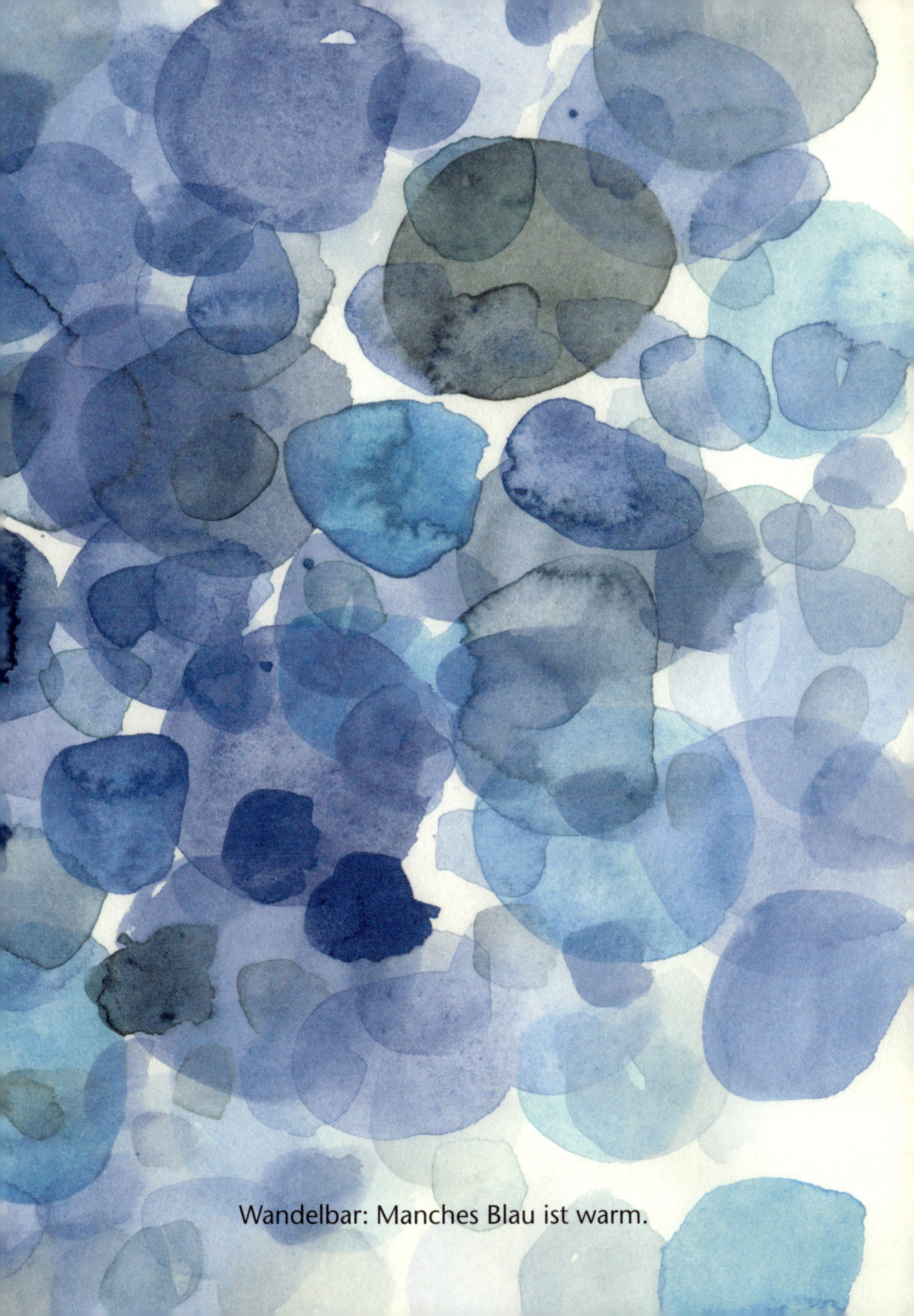

Wandelbar: Manches Blau ist warm.

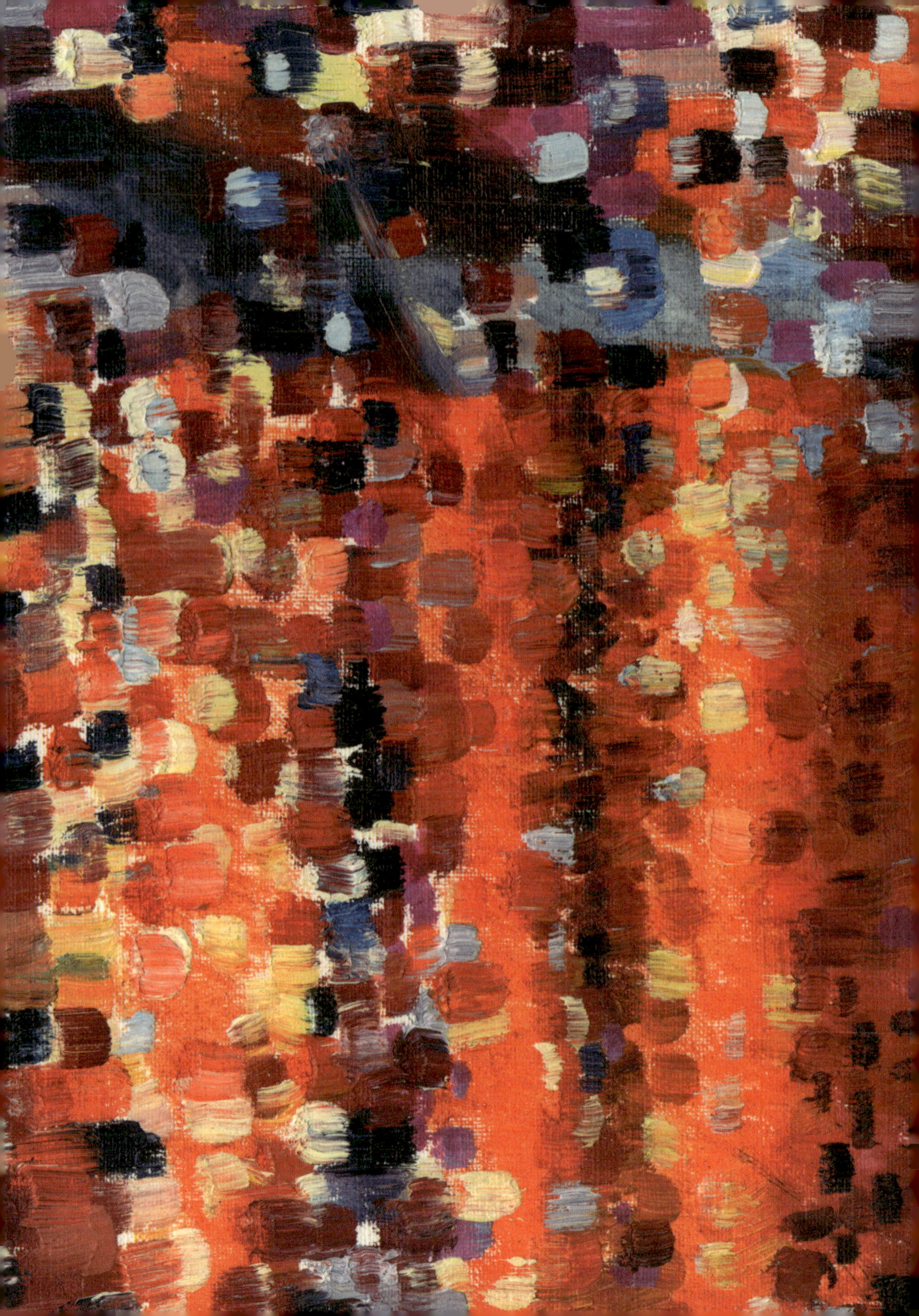

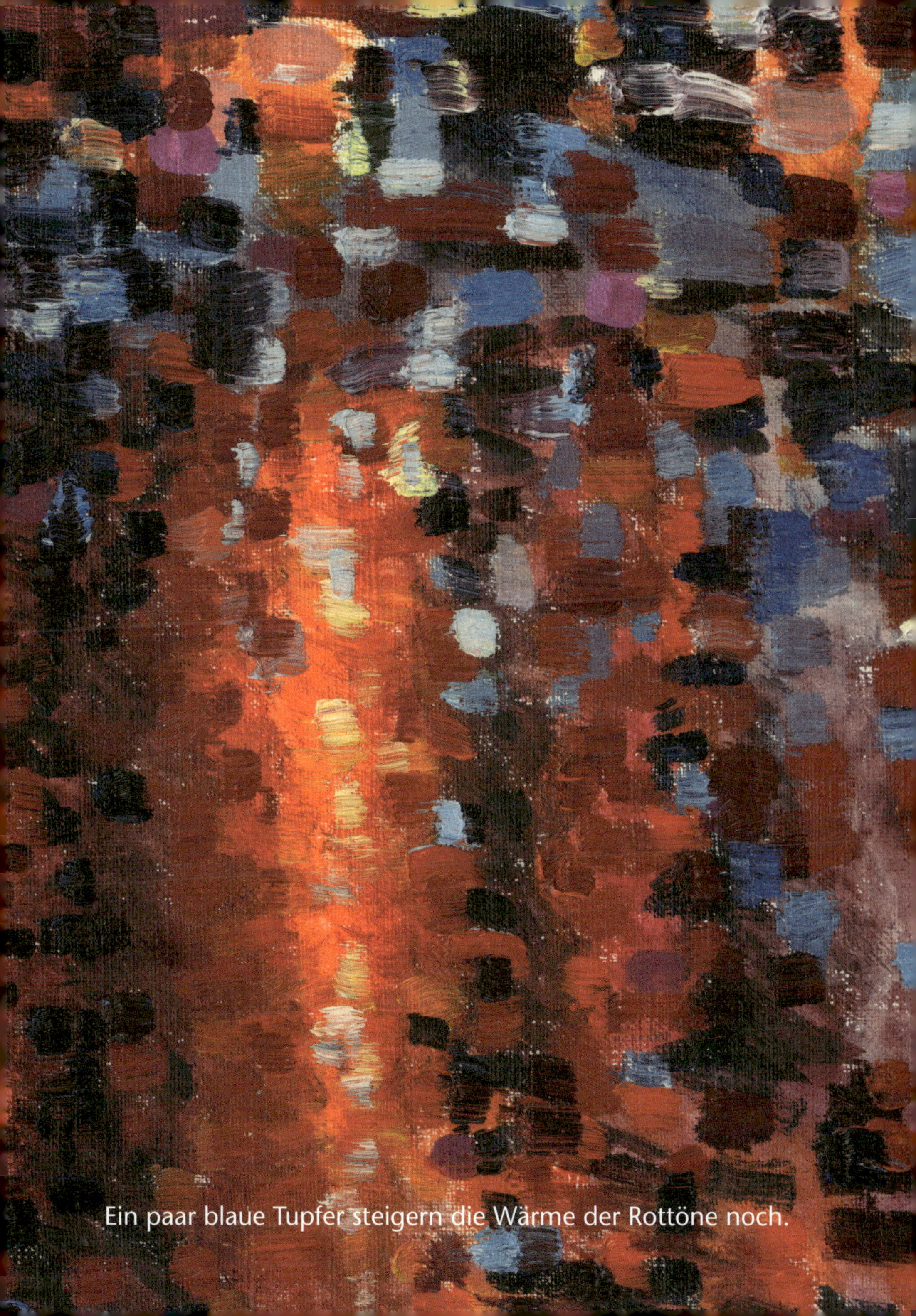

Ein paar blaue Tupfer steigern die Wärme der Rottöne noch.

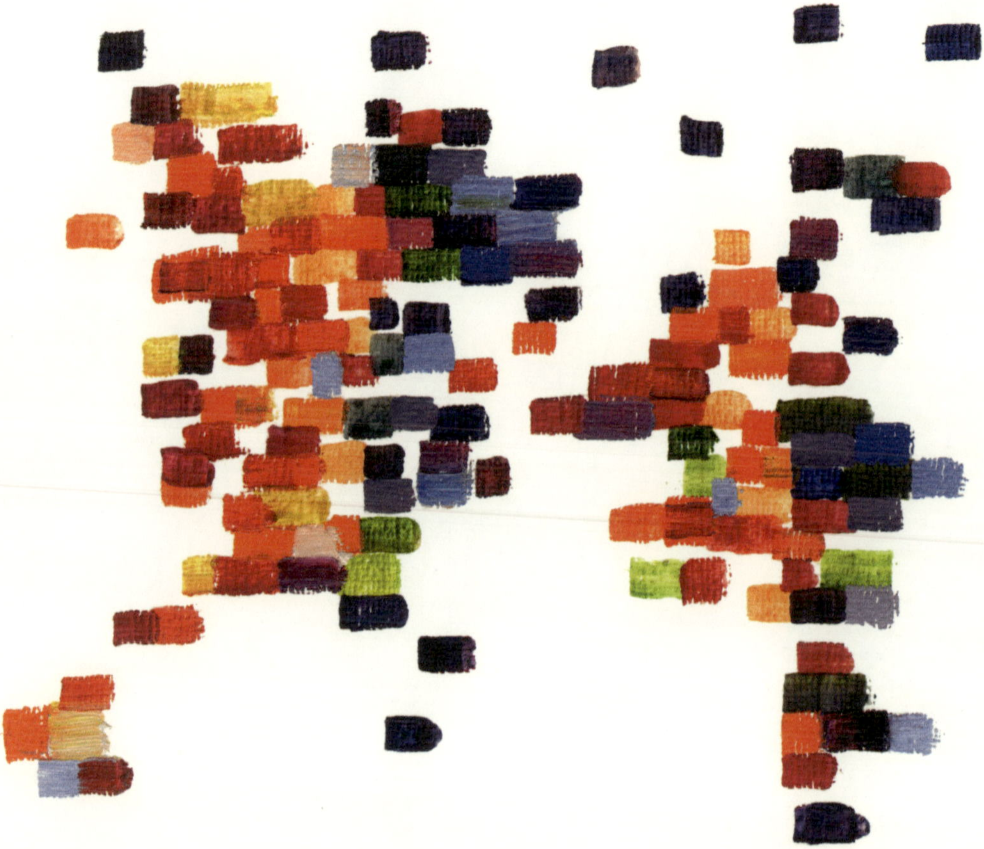

In der künstlerischen Gestaltung wirkt eine völlig systematische Ordnung starr und hermetisch. Abweichungen und Farbsprünge sorgen für Spannung oder aber sie irritieren. Die abweichenden Farbtupfer müssen von den sie umgebenden Farben eingebunden werden.

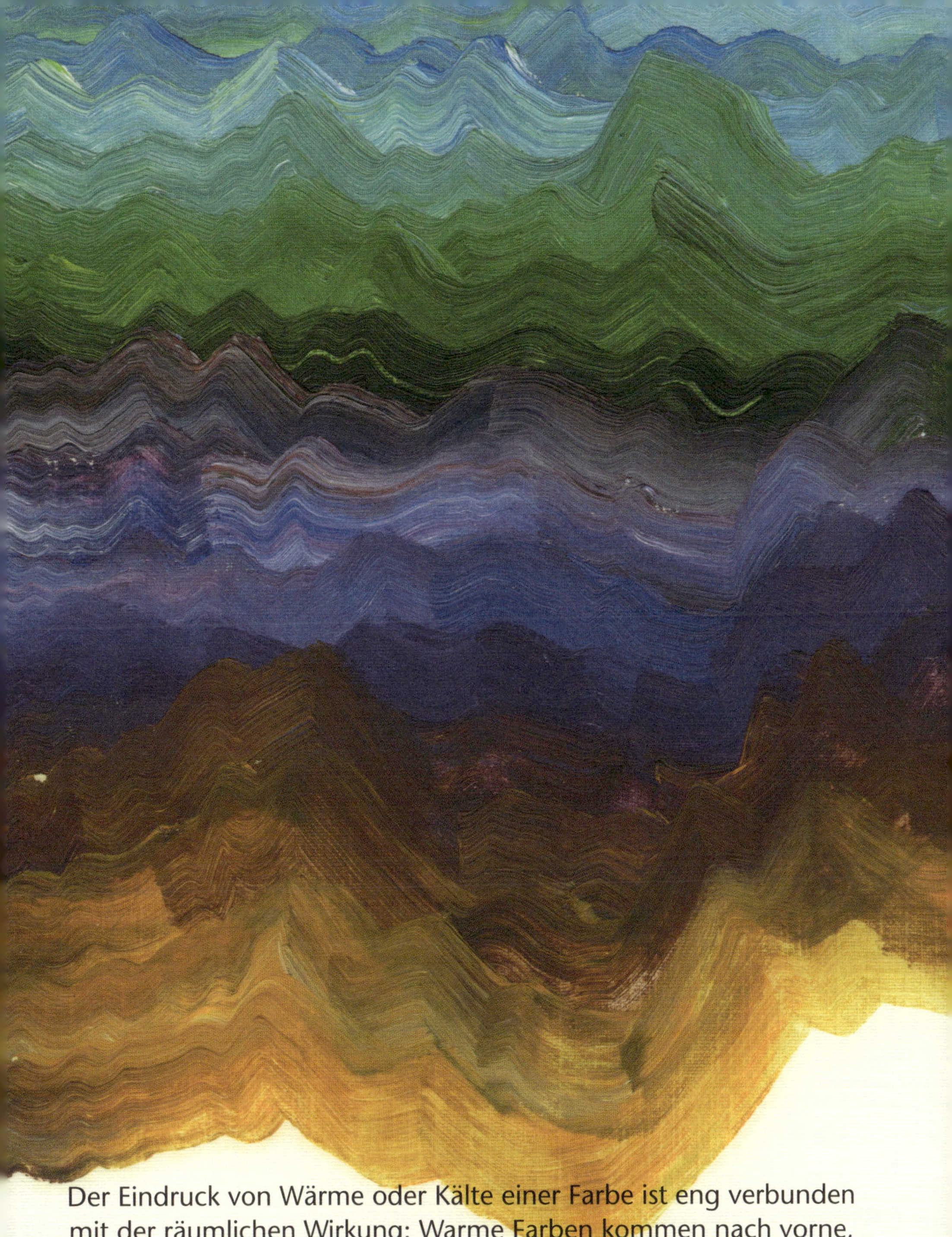

Der Eindruck von Wärme oder Kälte einer Farbe ist eng verbunden mit der räumlichen Wirkung: Warme Farben kommen nach vorne, kalte Farben weichen zurück.

Das Nebeneinander der Rottöne verändert ihre jeweilige Wirkung.

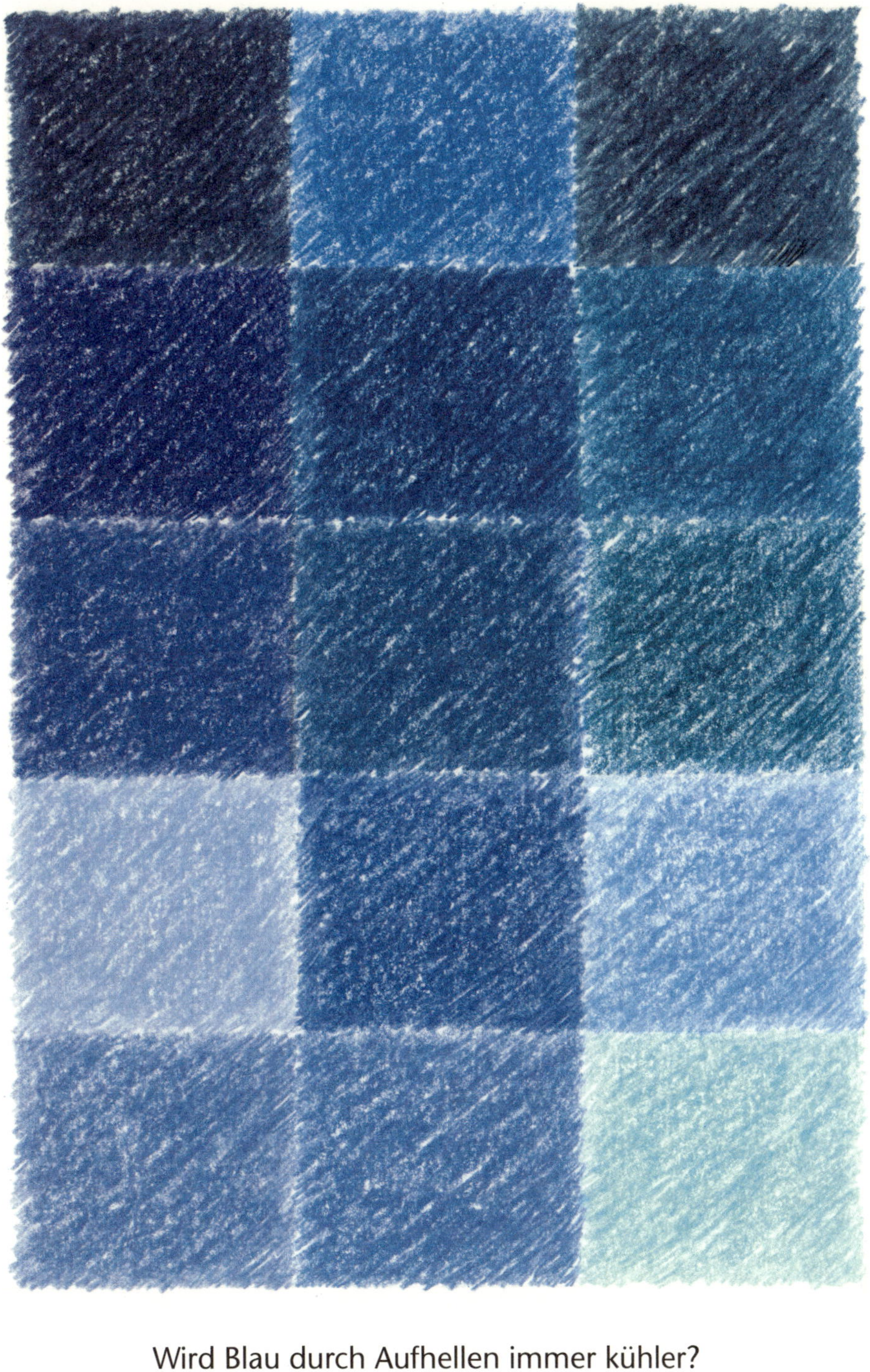

Wird Blau durch Aufhellen immer kühler?

Ein bläuliches Grau ist kühl, ein gelbliches wärmer.

Die Untermalung temperiert das Grafitgrau.

Raum durch Farbe

Treffen zwei oder mehrere Farben aufeinander, entsteht bereits der Eindruck von Räumlichkeit. Es sind die Hell-Dunkel- und Warm-Kalt-Kontraste sowie die Farbintensität, die die Farben auch räumlich wirken lassen. Warme Töne erscheinen näher, kalte hingegen weiter entfernt. Dunkle Farben treten in den Hintergrund und leuchtende drängen nach vorne. Beim Malen einer Landschaft kann man sich diese optischen Effekte zunutze machen, um die Tiefenwirkung zu steigern: Sukzessive werden die Farbtöne nach hinten hin kühler, man spricht vom Verblauen. Im Zusammenwirken mit anderen raumbildenden Mitteln wie zum Beispiel Überschneidungen, übereinandergelegten Pinselstrichen oder Größenunterschieden verstärkt sich der räumliche Eindruck. Verhält sich die Raumwirkung der Farbe gegensätzlich zu den anderen räumlichen Aspekten, kann das zunächst verwirren: Dinge, die weiter hinten liegen müssten, springen optisch nach vorne. Manche Künstler arbeiten bewusst mit solchen Widersprüchlichkeiten im Bild, um die Farbe in ihrer Eigenständigkeit zu stärken und sie von ihrer rein abbildenden Funktion zu befreien.

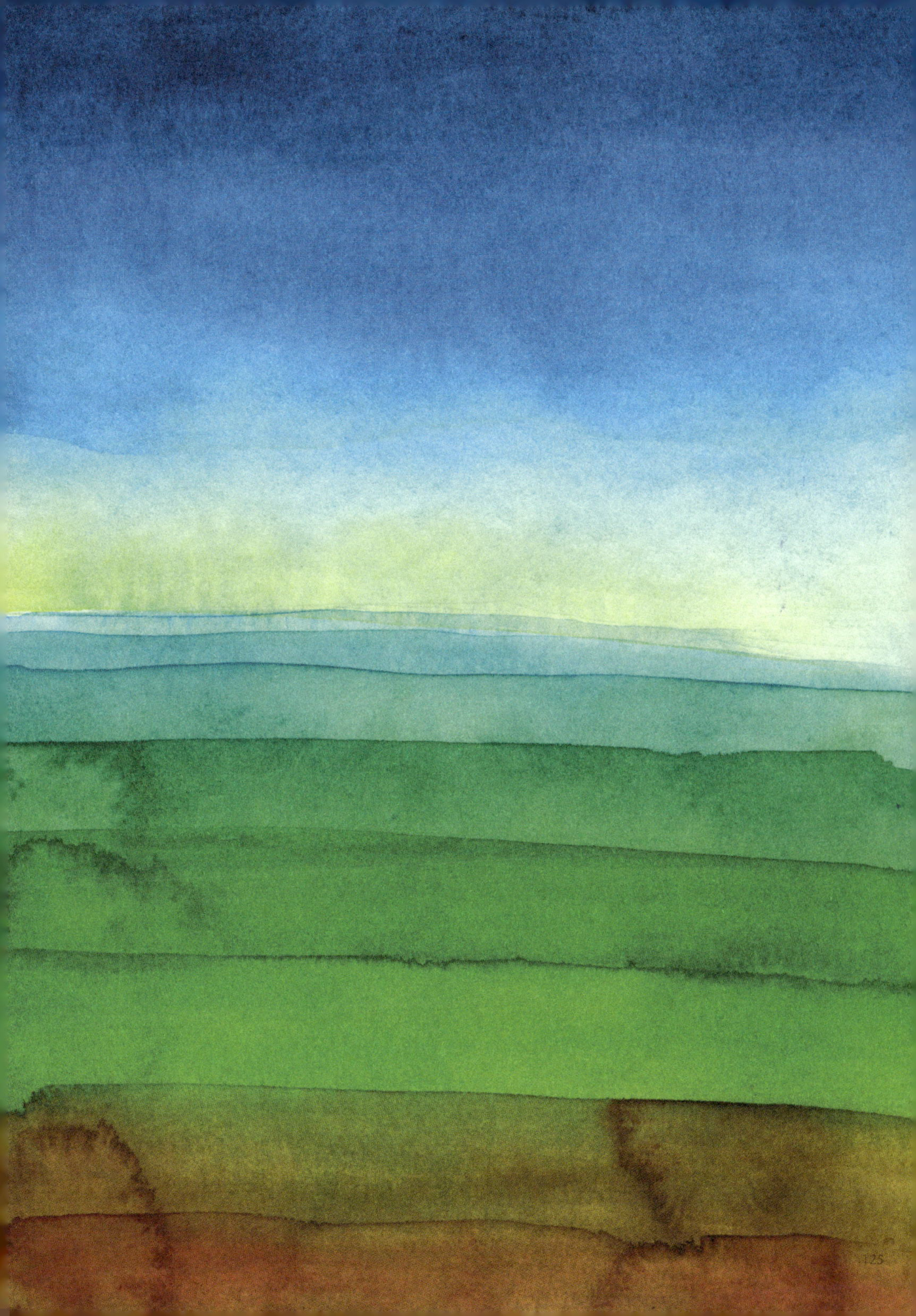

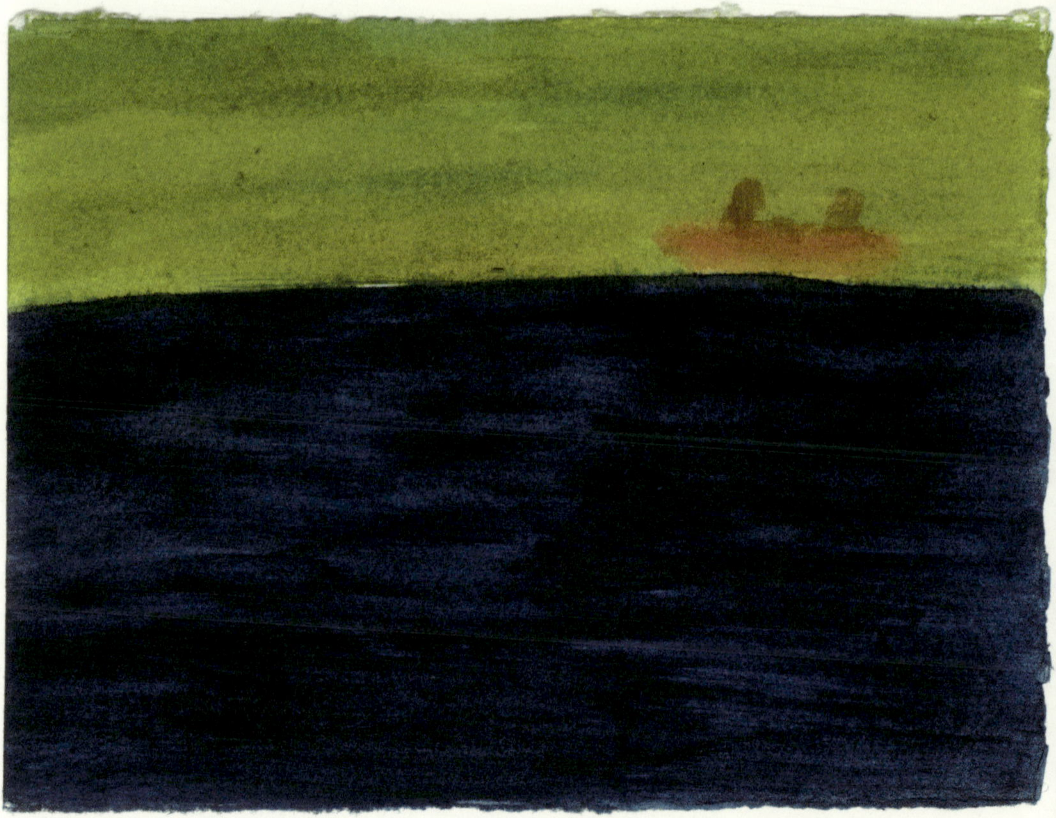

Das Blau gewinnt seine Tiefe durch die Intensität. Die helleren Stellen darin machen die übereinandergelegten Farbschichten deutlich.

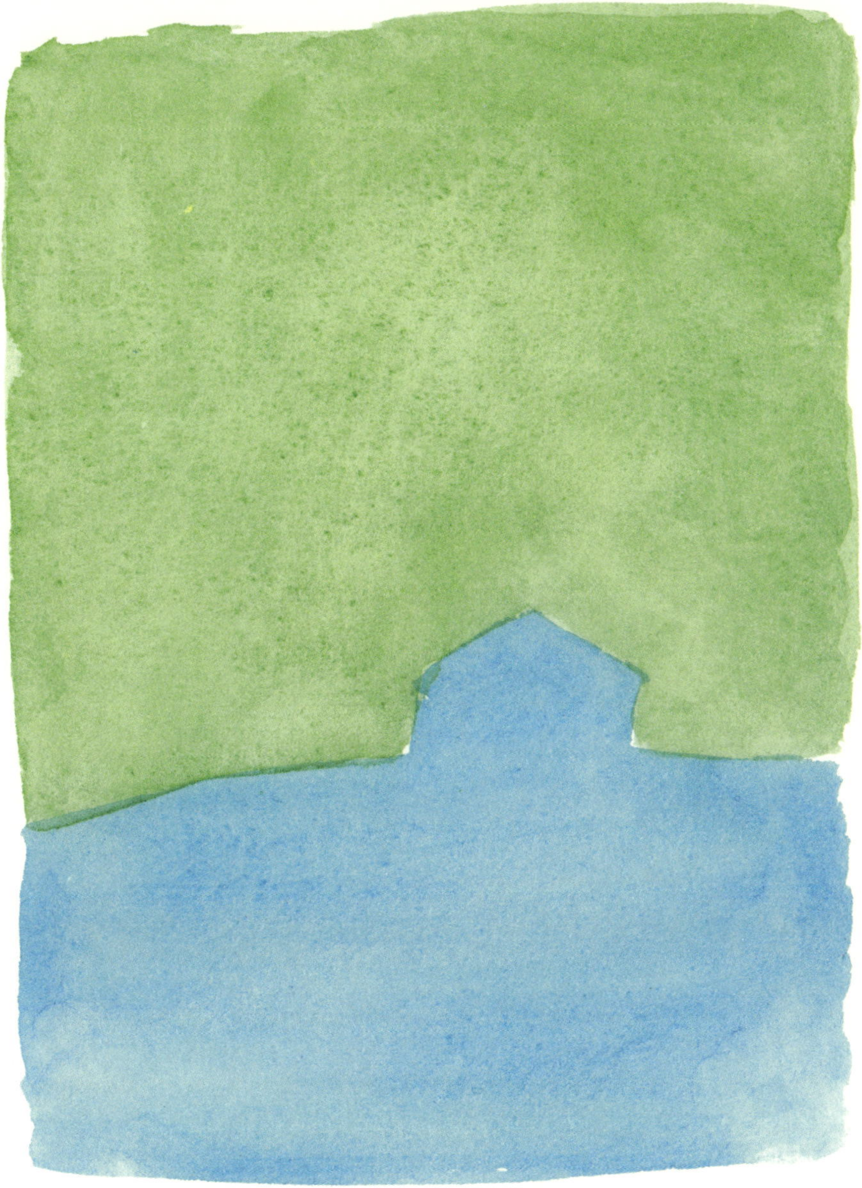

Als Hütte mit See rückt der untere Bildteil nach vorne,
als reine Farbfläche der obere.

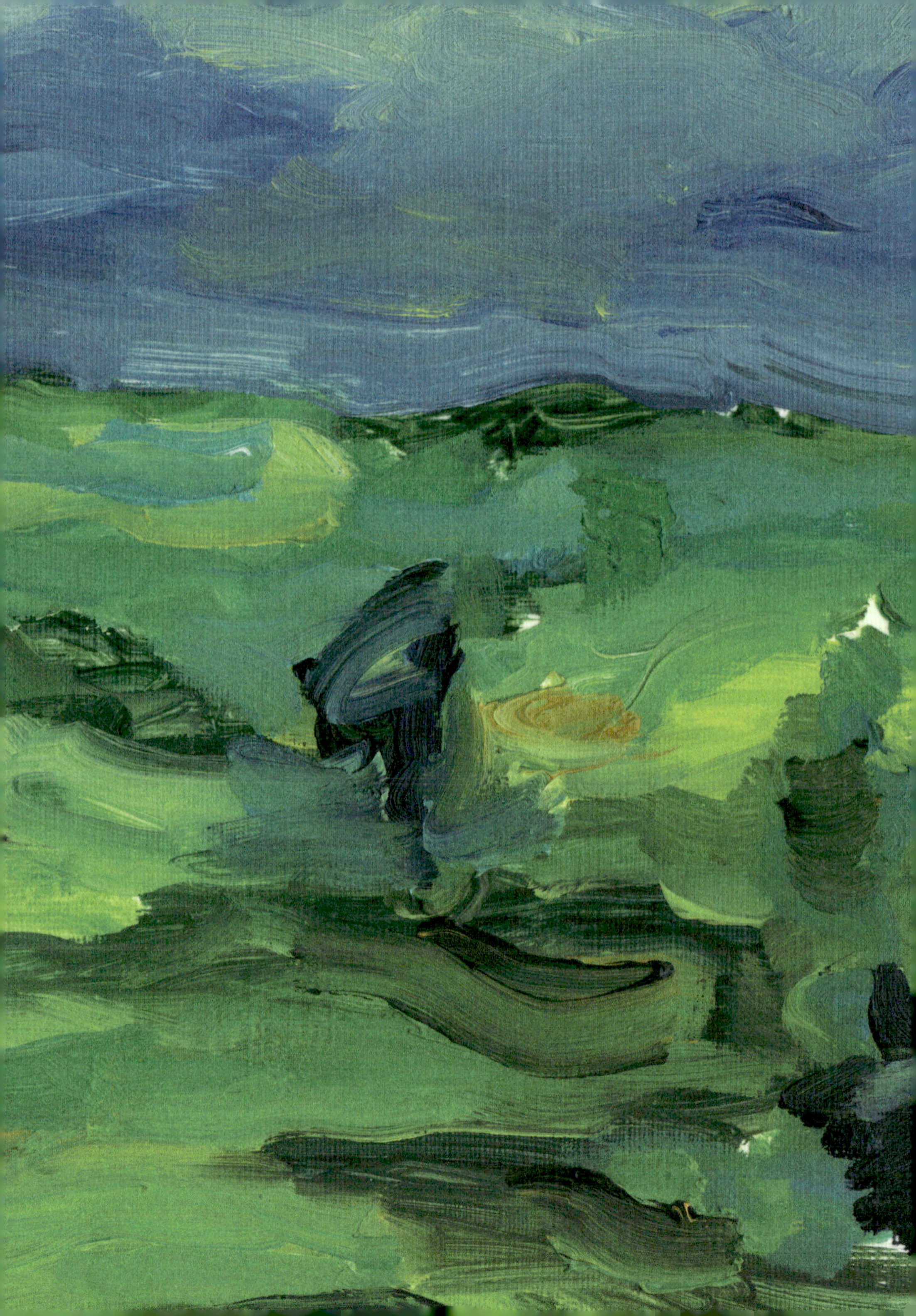

Landschaften als räumliche Gliederungen von Farbe.

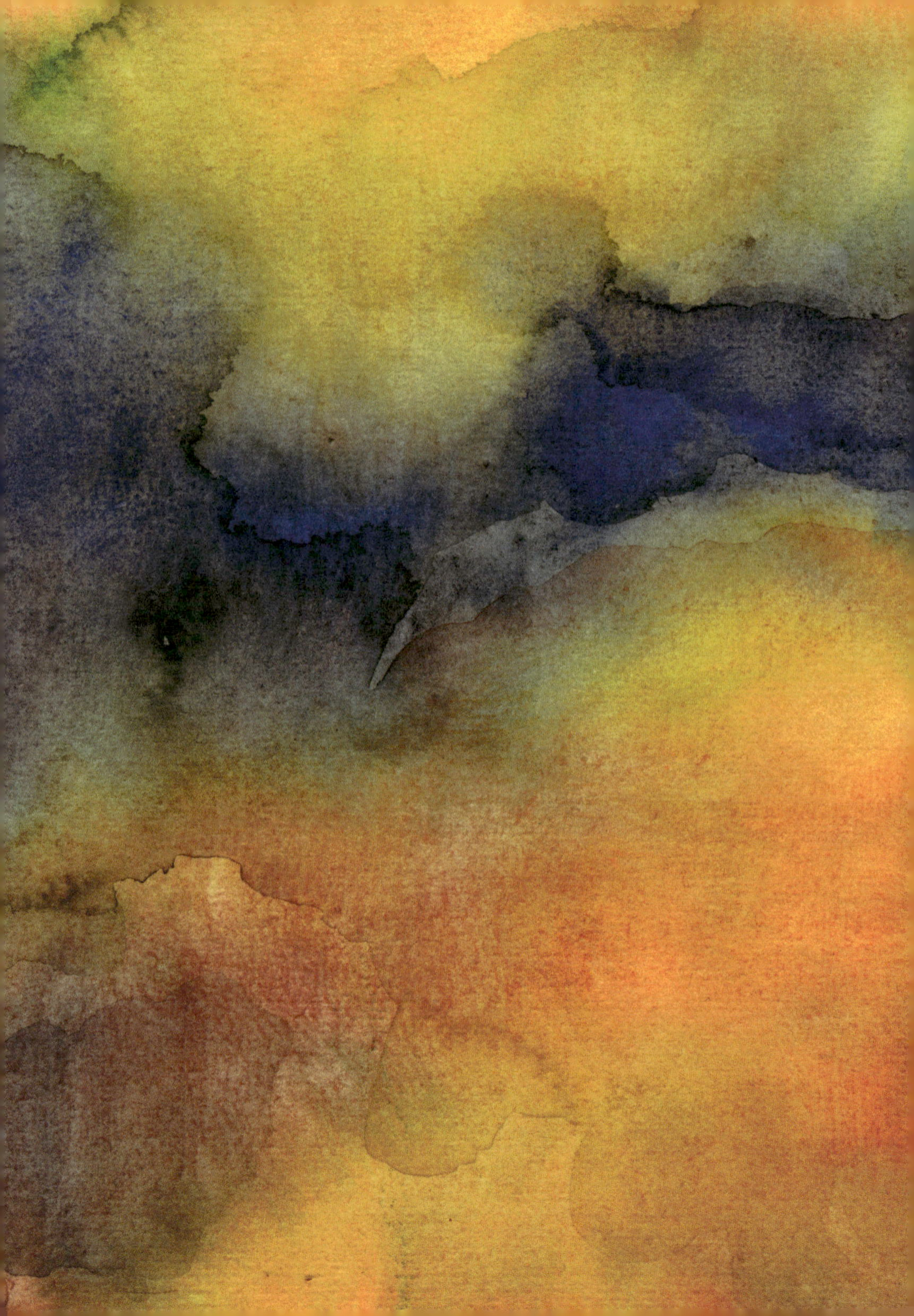

Durch die Farbe ins Bild hineinschauen.

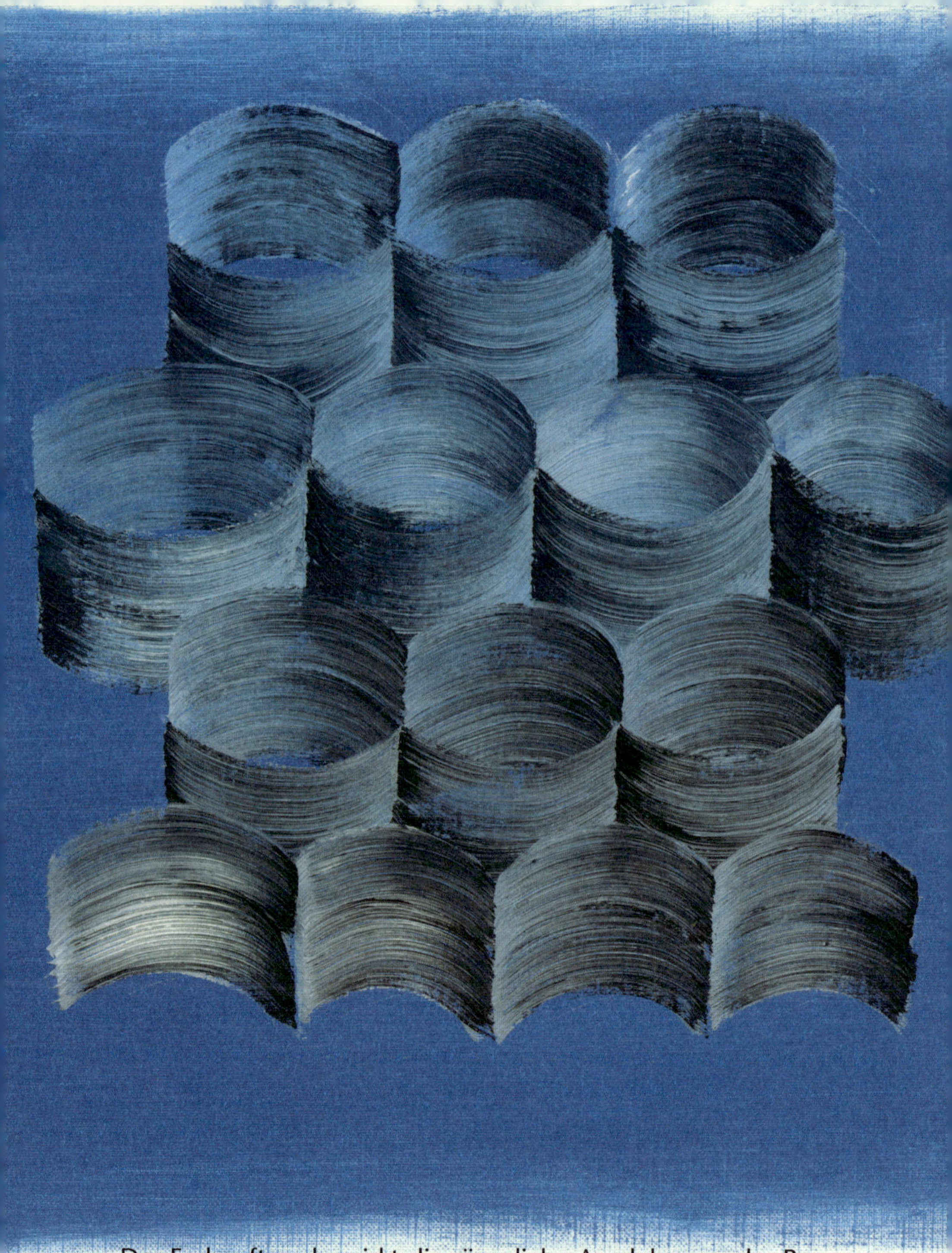

Der Farbauftrag bewirkt die räumliche Ausdehnung der Bogen.

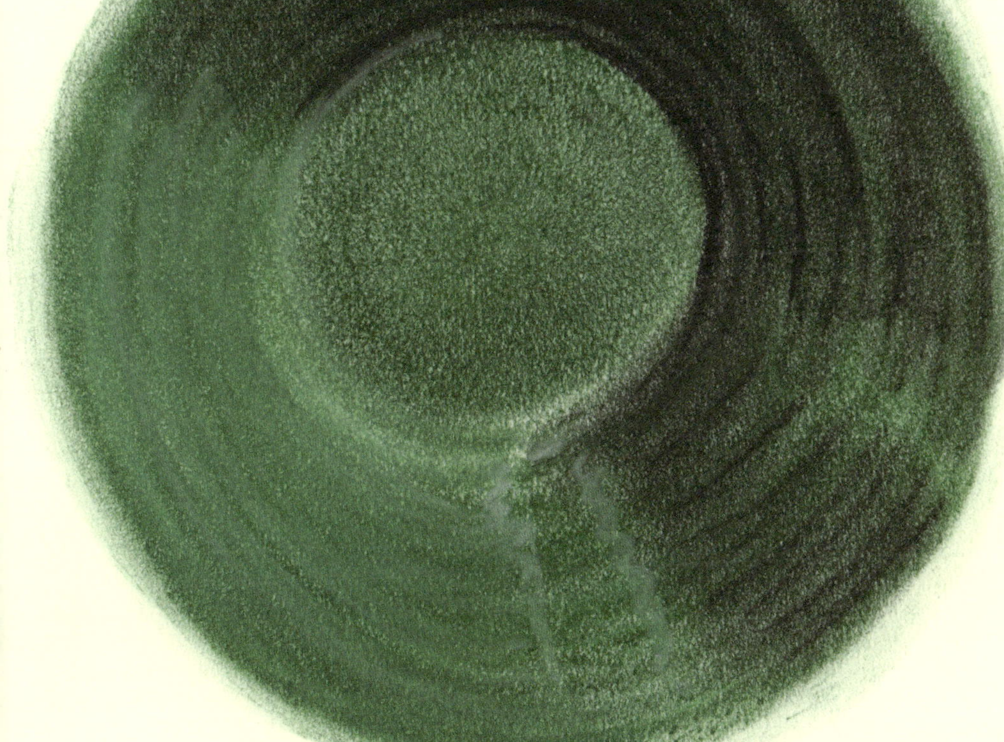

Licht und Schatten entstehen durch Beifügen von Weiß und Schwarz – aufgetragen über einer grünen, bereits fixierten Kreideschicht.

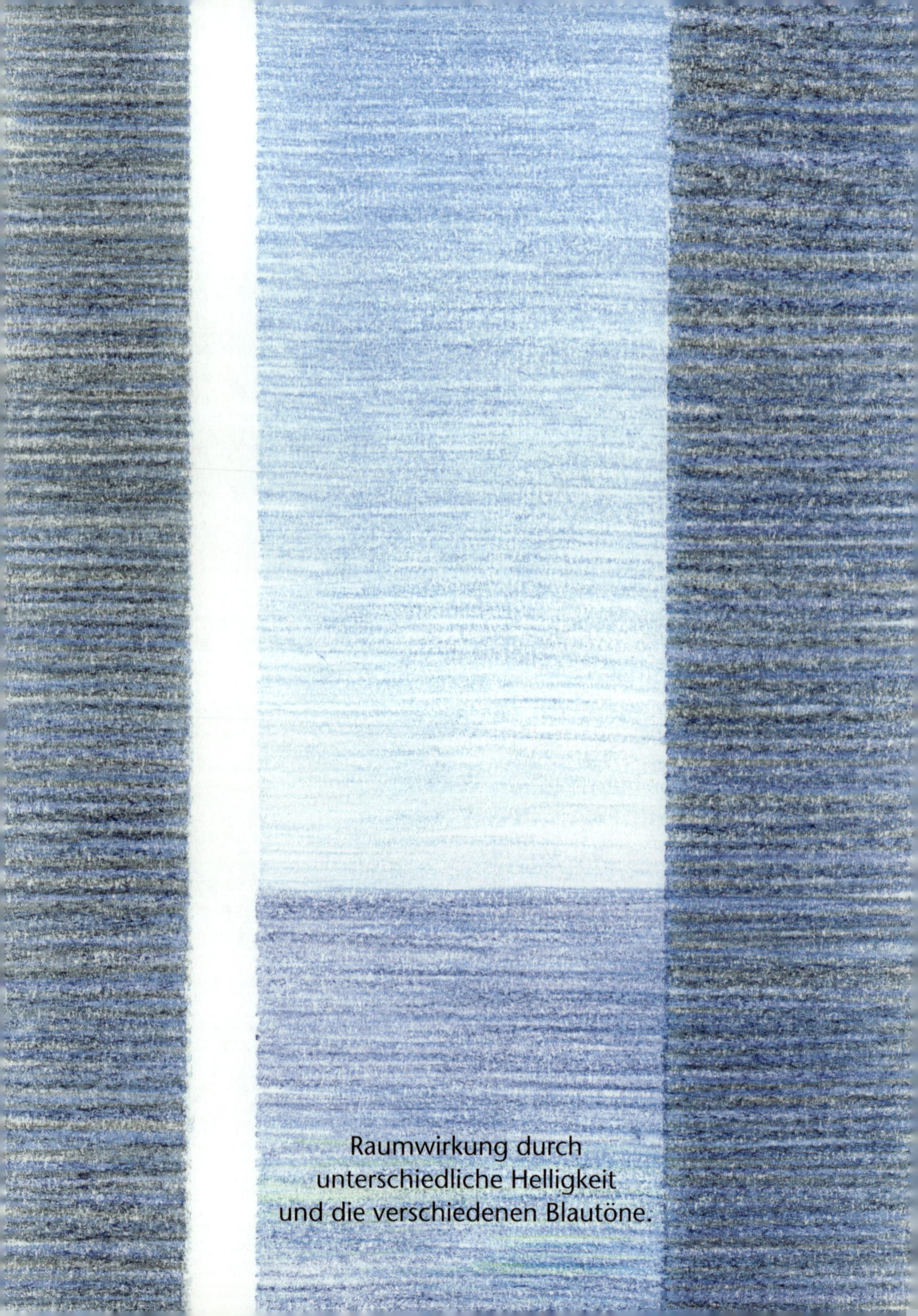

Raumwirkung durch
unterschiedliche Helligkeit
und die verschiedenen Blautöne.

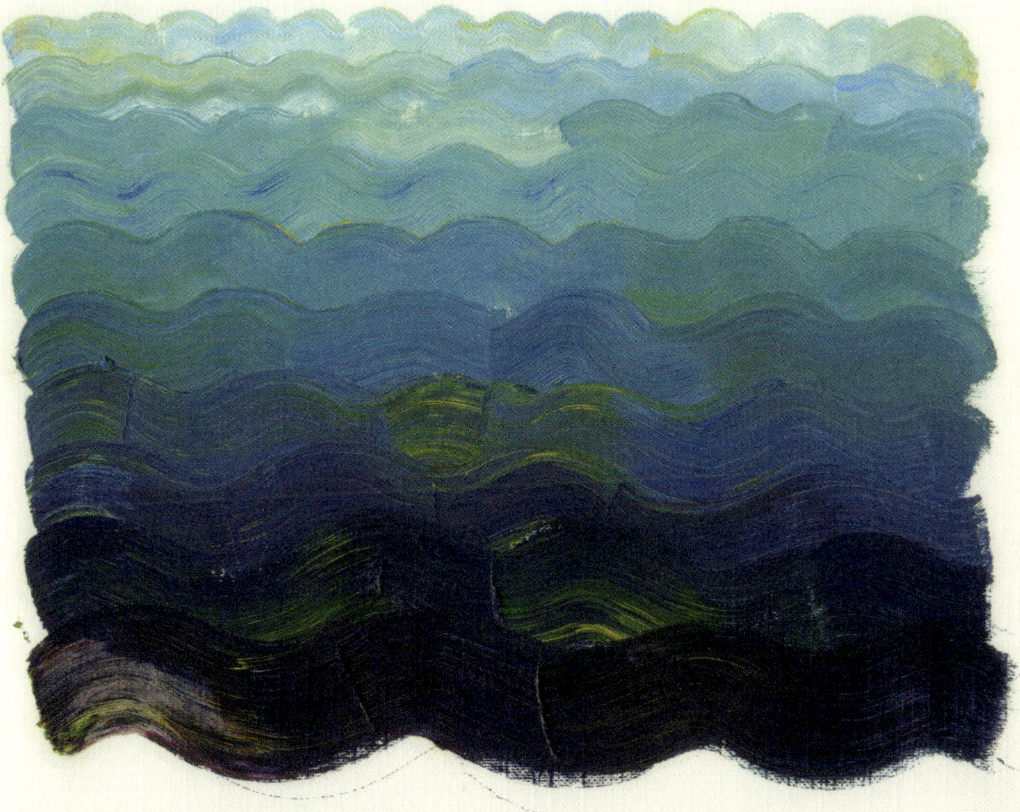

Mit der obersten Reihe beginnen und dann Wellenkamm um Wellenkamm die Reihen überlappend fortsetzen. Jede Schicht wird dabei kräftiger. Die Farben müssen dazu nicht trocken sein, ein leichtes Vermischen führt sogar zu mehr Homogenität.

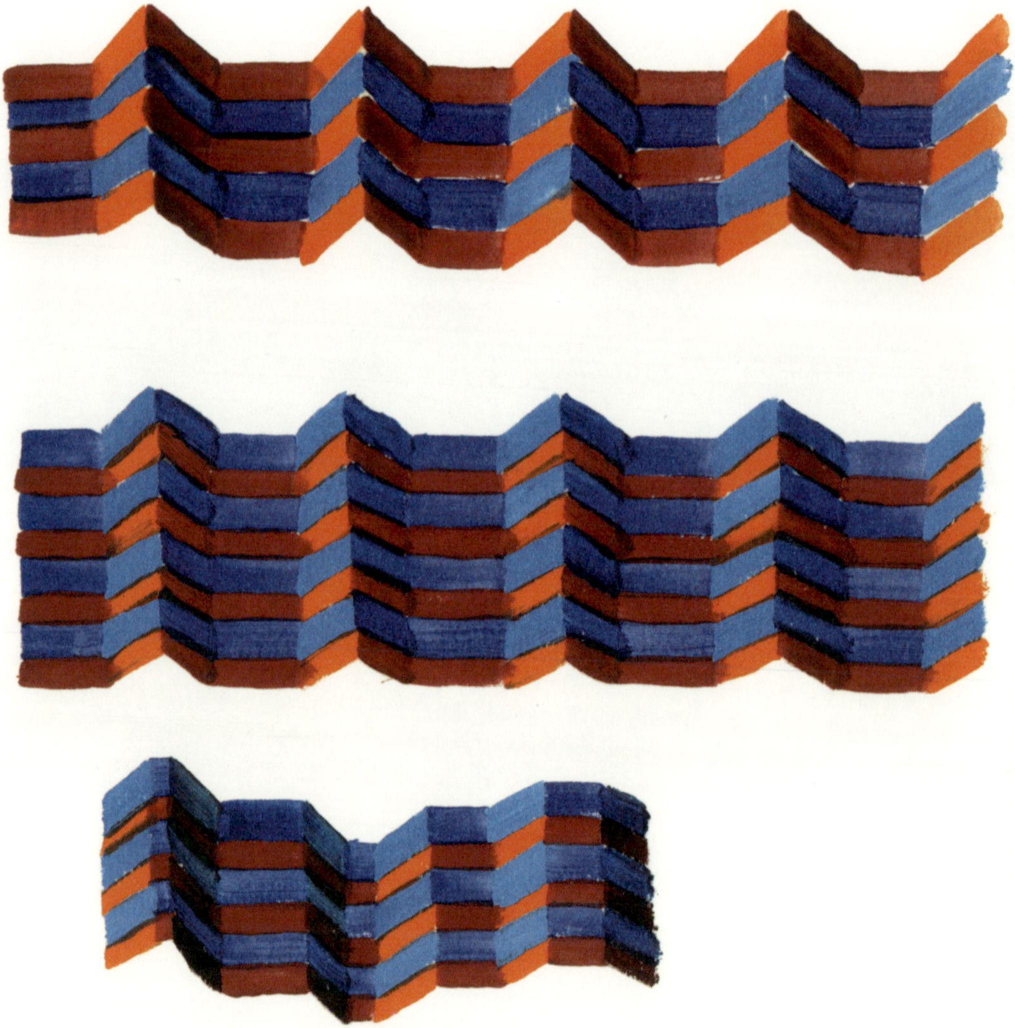

Gefaltete Farbe.

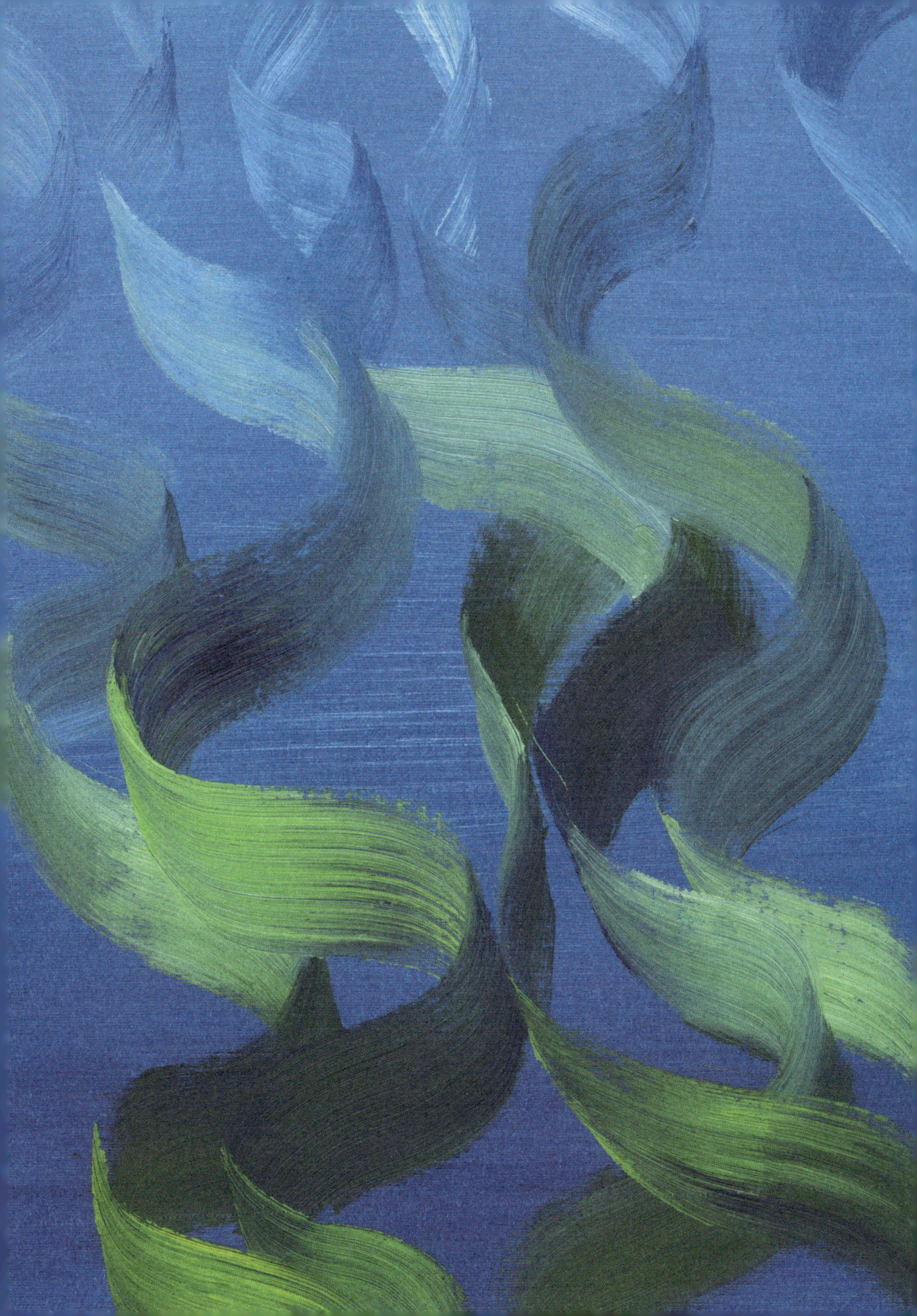

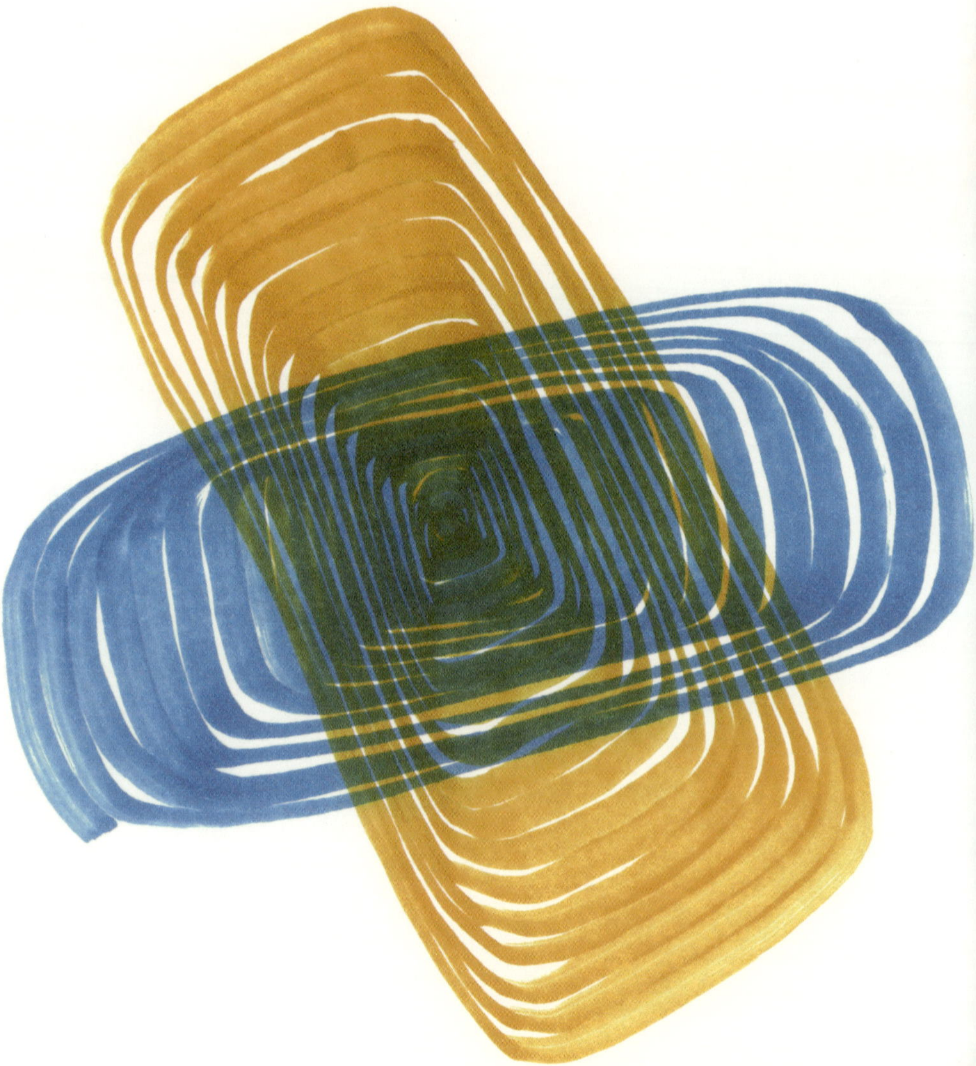

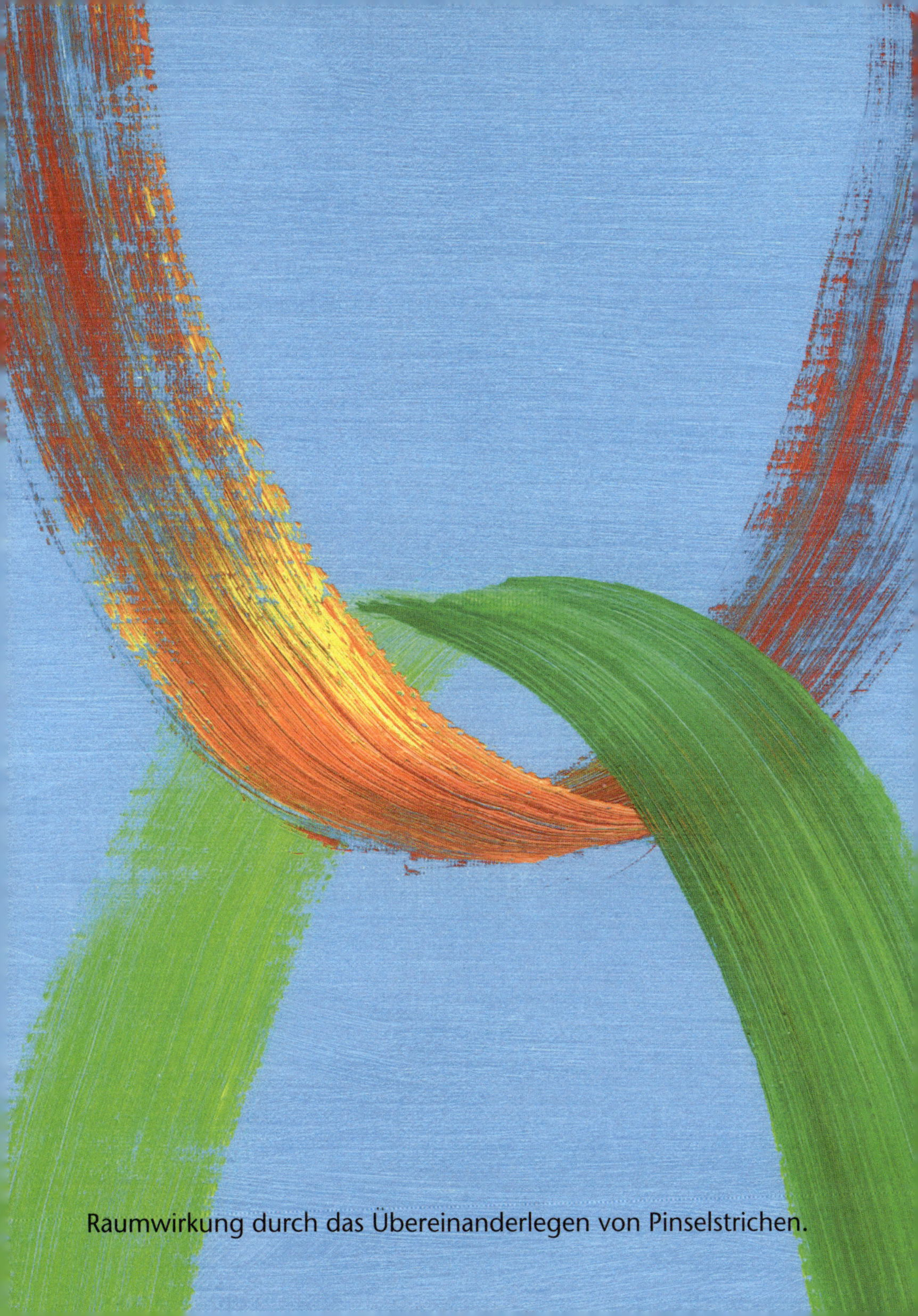

Raumwirkung durch das Übereinanderlegen von Pinselstrichen.

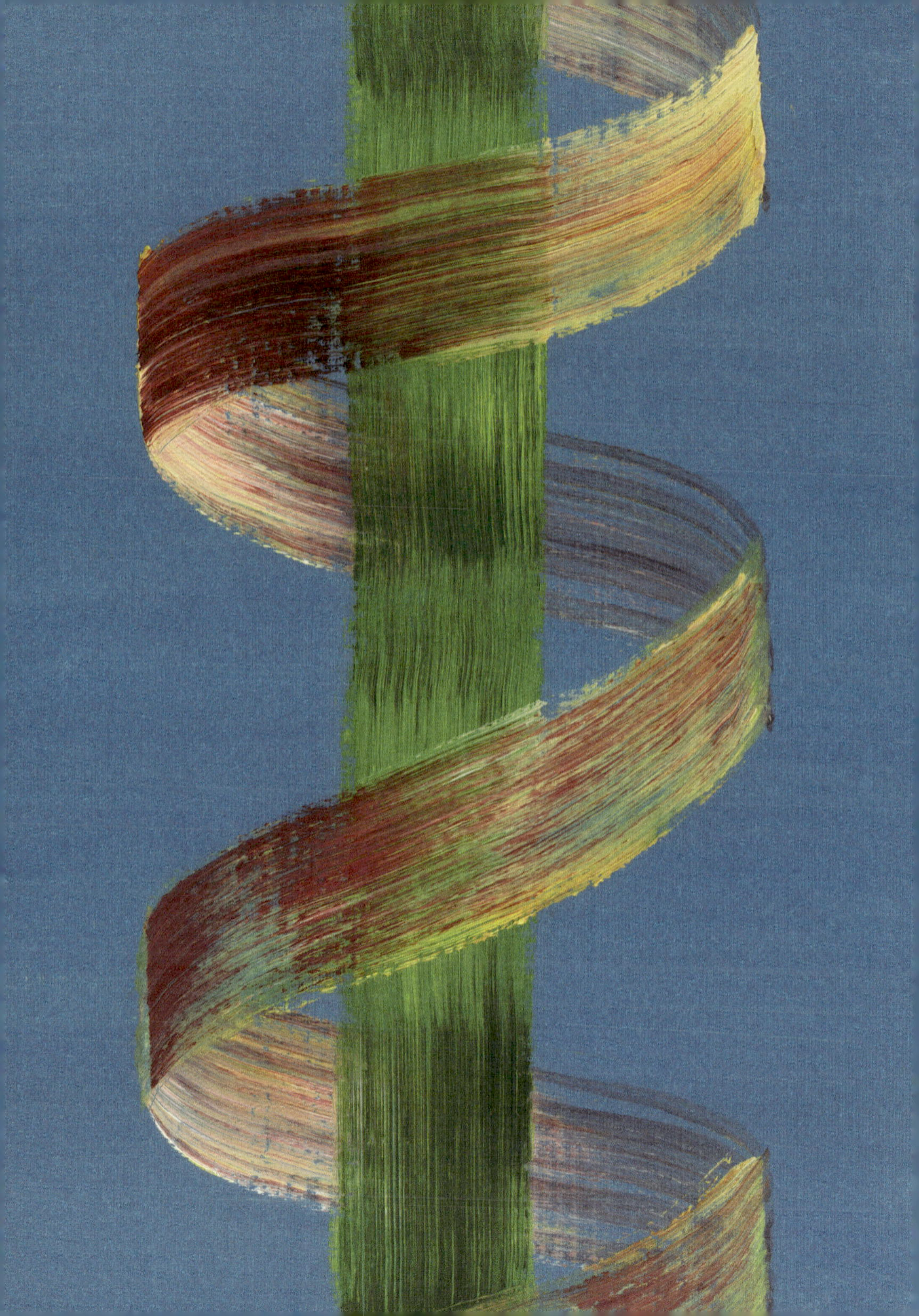

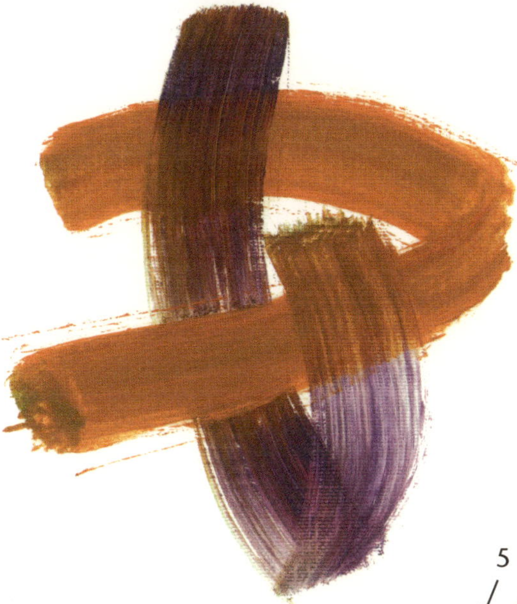

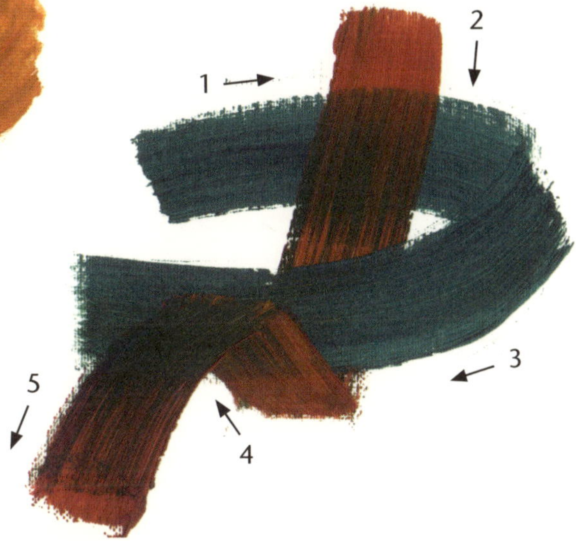

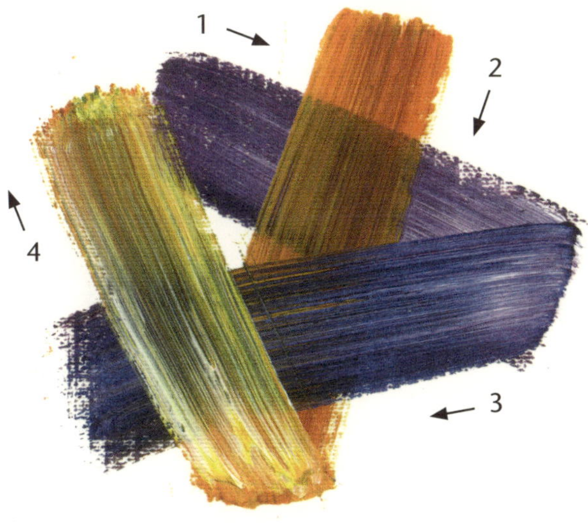

Spiel mit der Räumlichkeit: Die Pinselbewegung wird mehrmals unterbrochen, um die Farbe zu wechseln.

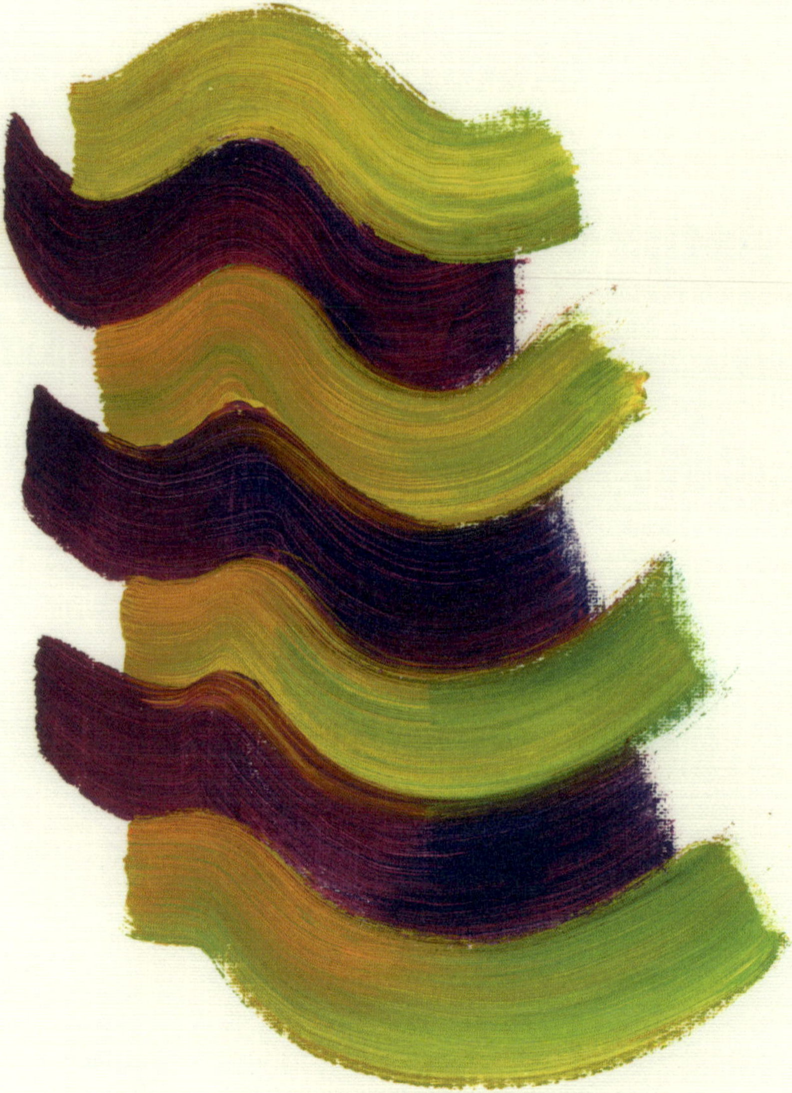

An den Rändern erkennt man die Reihenfolge
der aufgetragenen Pinselstriche.

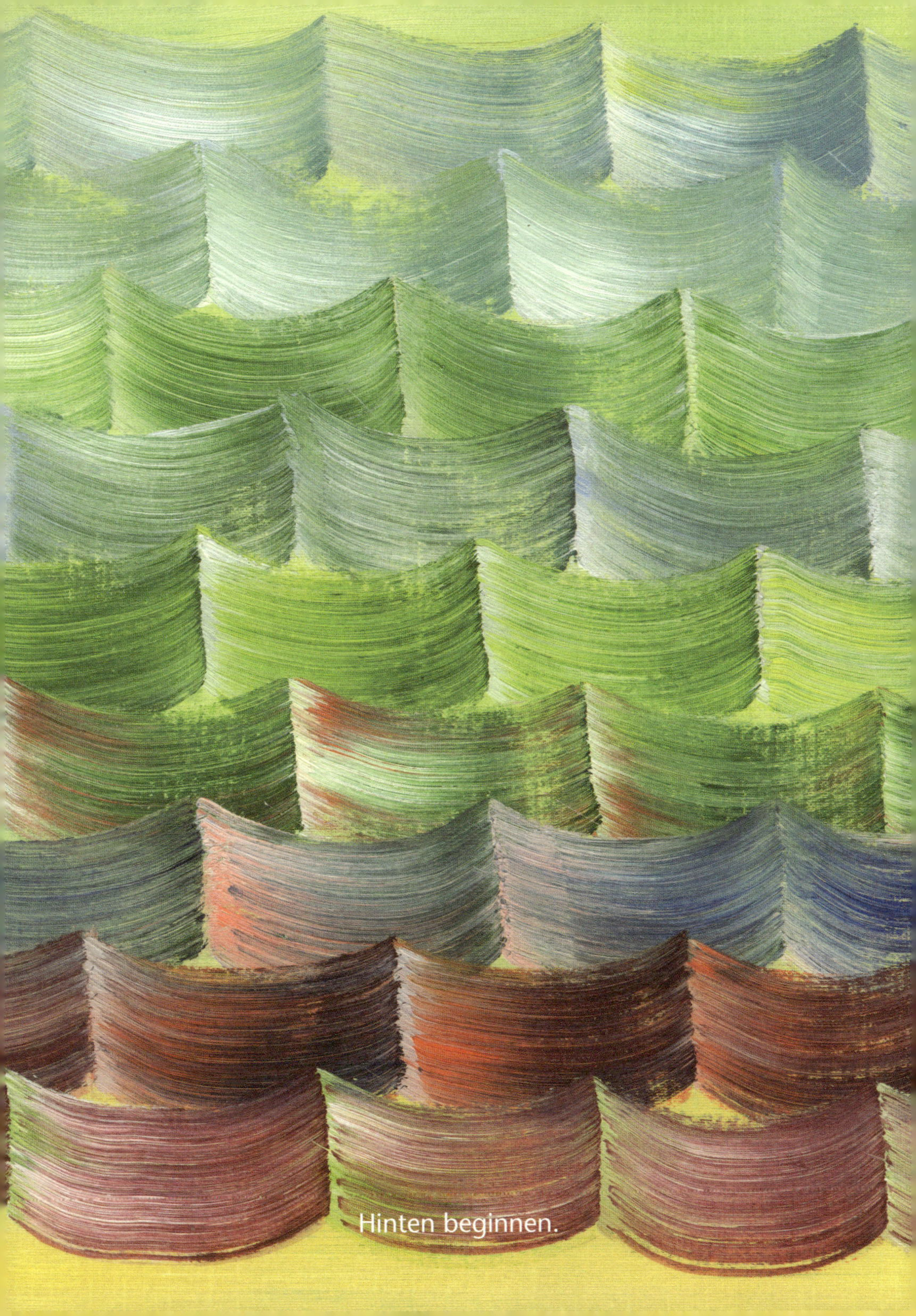

Hinten beginnen.

Ton in Ton

Verwandte Farben, also solche, die im Farbkreis nahe beieinanderliegen, gehen enge Beziehungen miteinander ein und harmonieren gerne. Bei Bildern, die vollständig auf Varianten eines meist bräunlichen Farbtons aufgebaut sind, spricht man von toniger Malerei. Die Buntfarben werden dabei in ihrer Intensität gebrochen. Hell-Dunkel-Kontraste bestimmen das Bildgeschehen, alle Farben werden einem gemeinsamen Ton untergeordnet, fast so, als würden sie zu einem Ganzen verschmelzen. Auf widerstreitende Gegensätze oder lockende Farbakzente wird verzichtet, im Bild wirkt das meist recht ernst. Aber auch aus den nuancierten Brechungen bunter Farben lassen sich intensive Gestaltungen erzeugen, die Farben schwingen miteinander, wie etwa bei Claude Lorrain, Camille Corot, William Turner oder manchen Bildern von Claude Monet. Die restlos konsequente Steigerung des Ton-in-Ton führt zur monochromen Malerei: zur völligen Einfarbigkeit der Bildfläche, einer radikalen Befragung dessen, was ein Bild seinem Wesen nach sei.

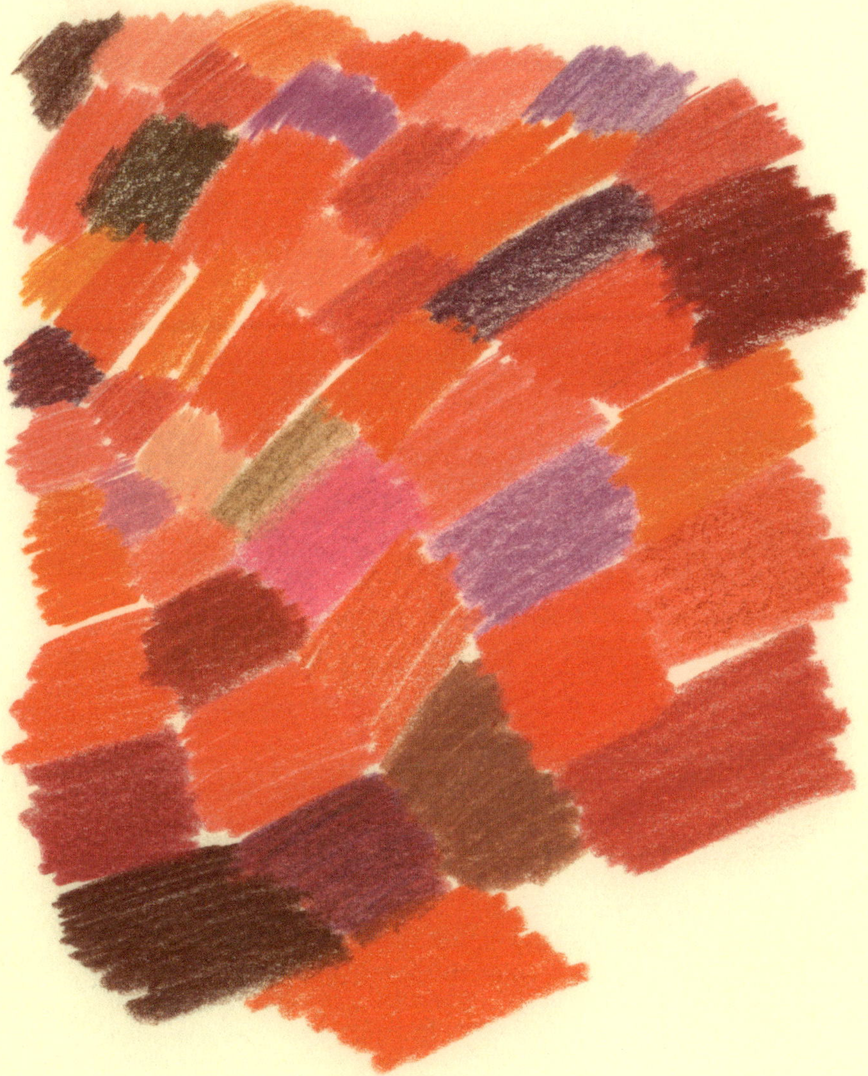

Aus dem monochromen Rot heraus wird mit minimaler Aufhellung und Abdunklung Volumen gebildet.

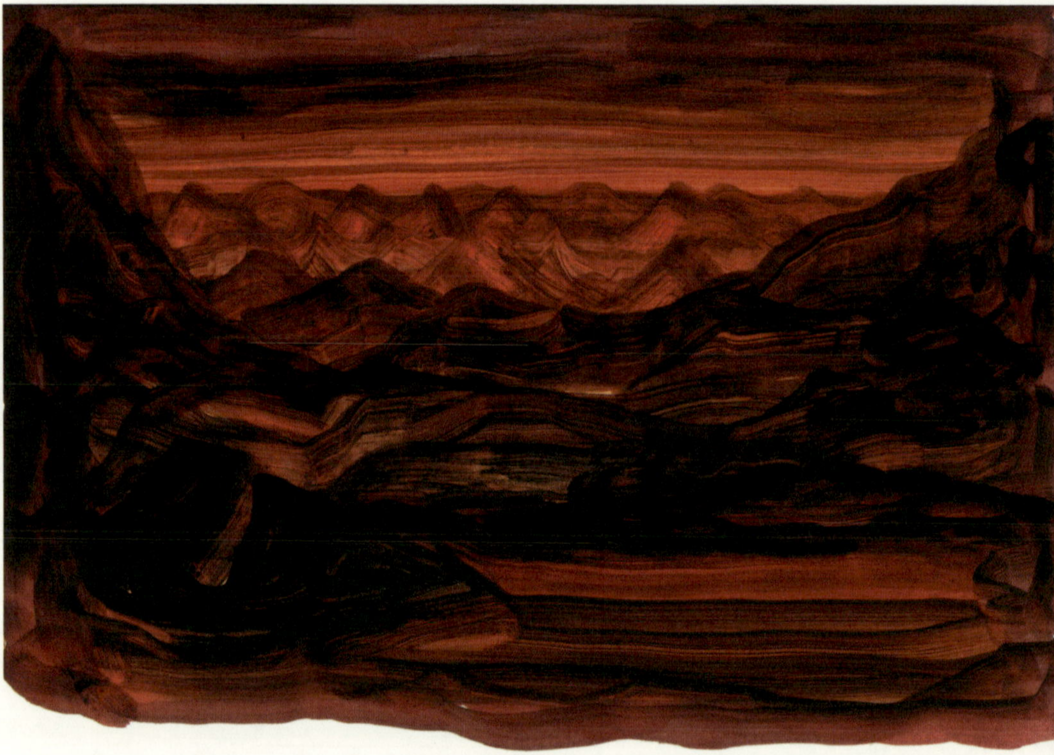

Mehrfarbig oder monochrom?

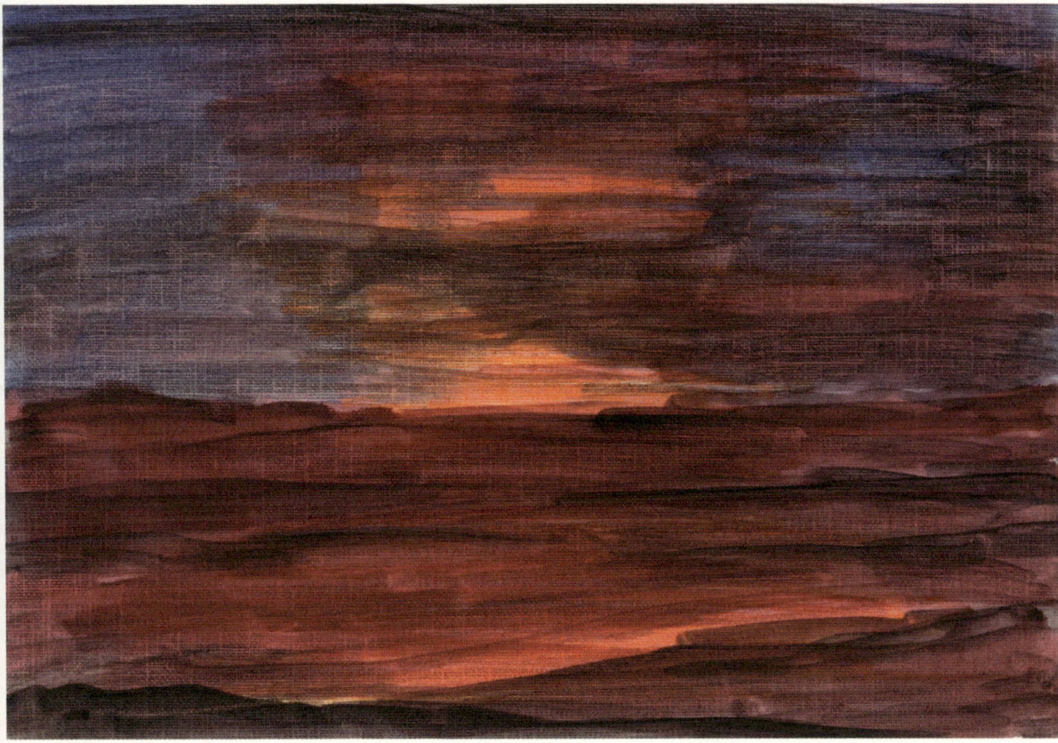

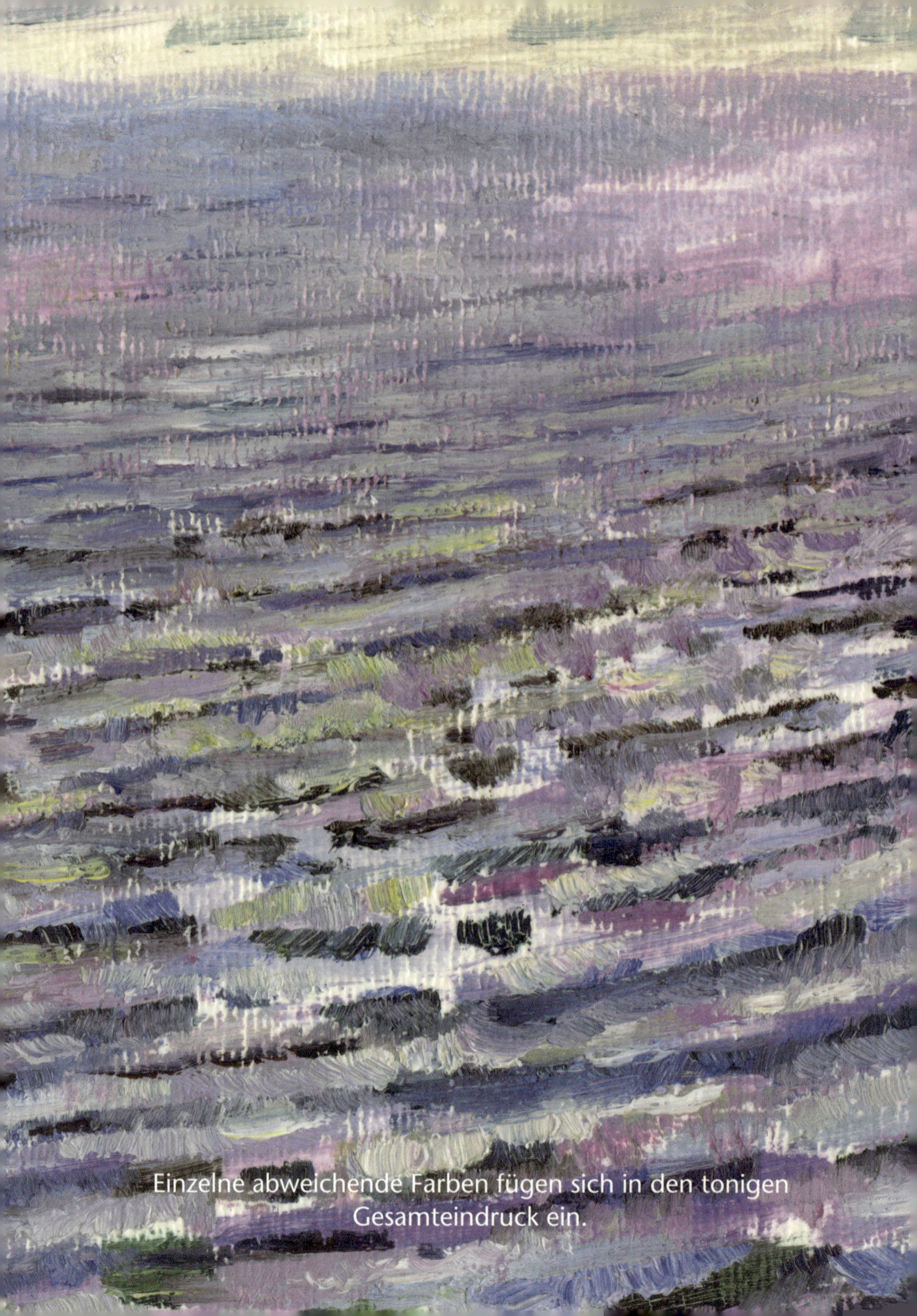

Einzelne abweichende Farben fügen sich in den tonigen Gesamteindruck ein.

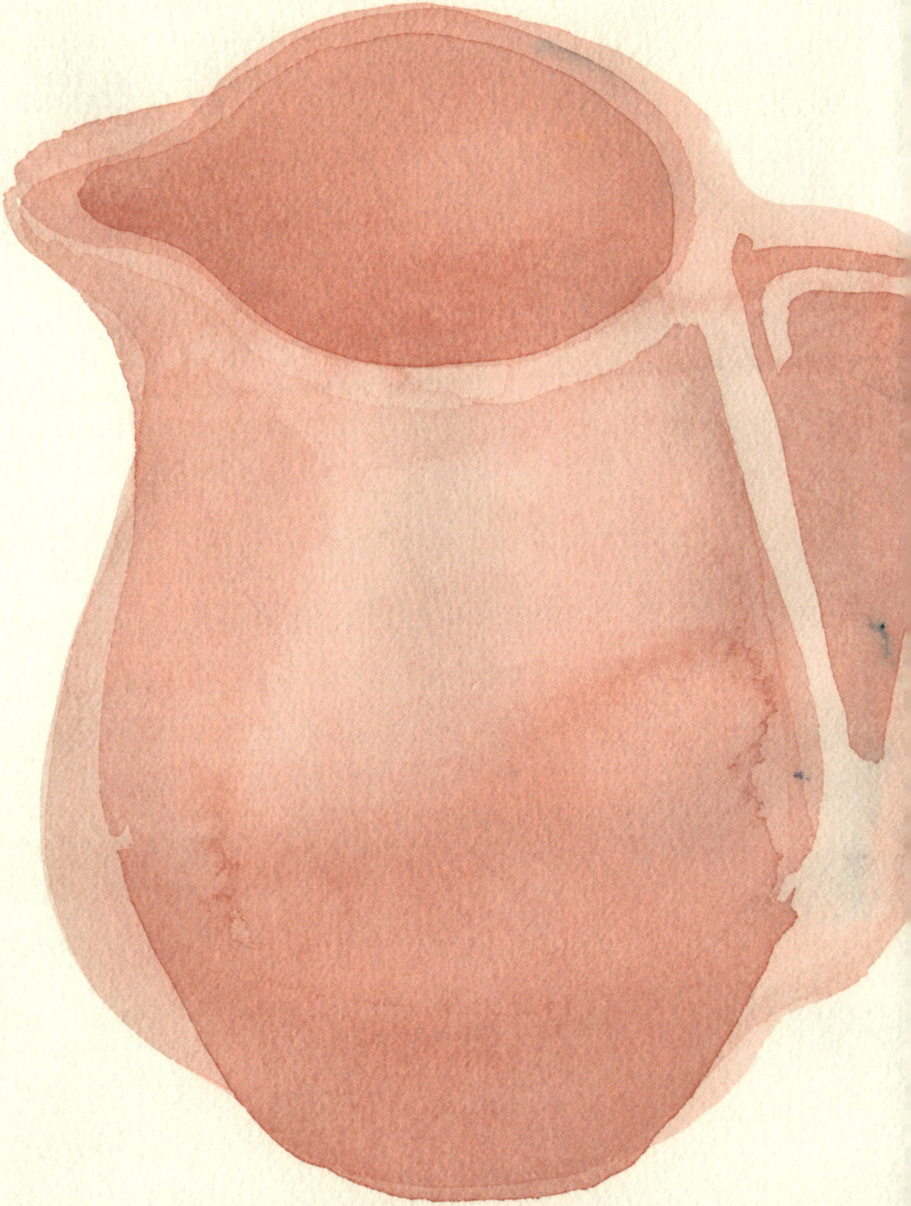

Form und Fläche als Gestaltungselemente –
Verbindung von Malen und Zeichnen.

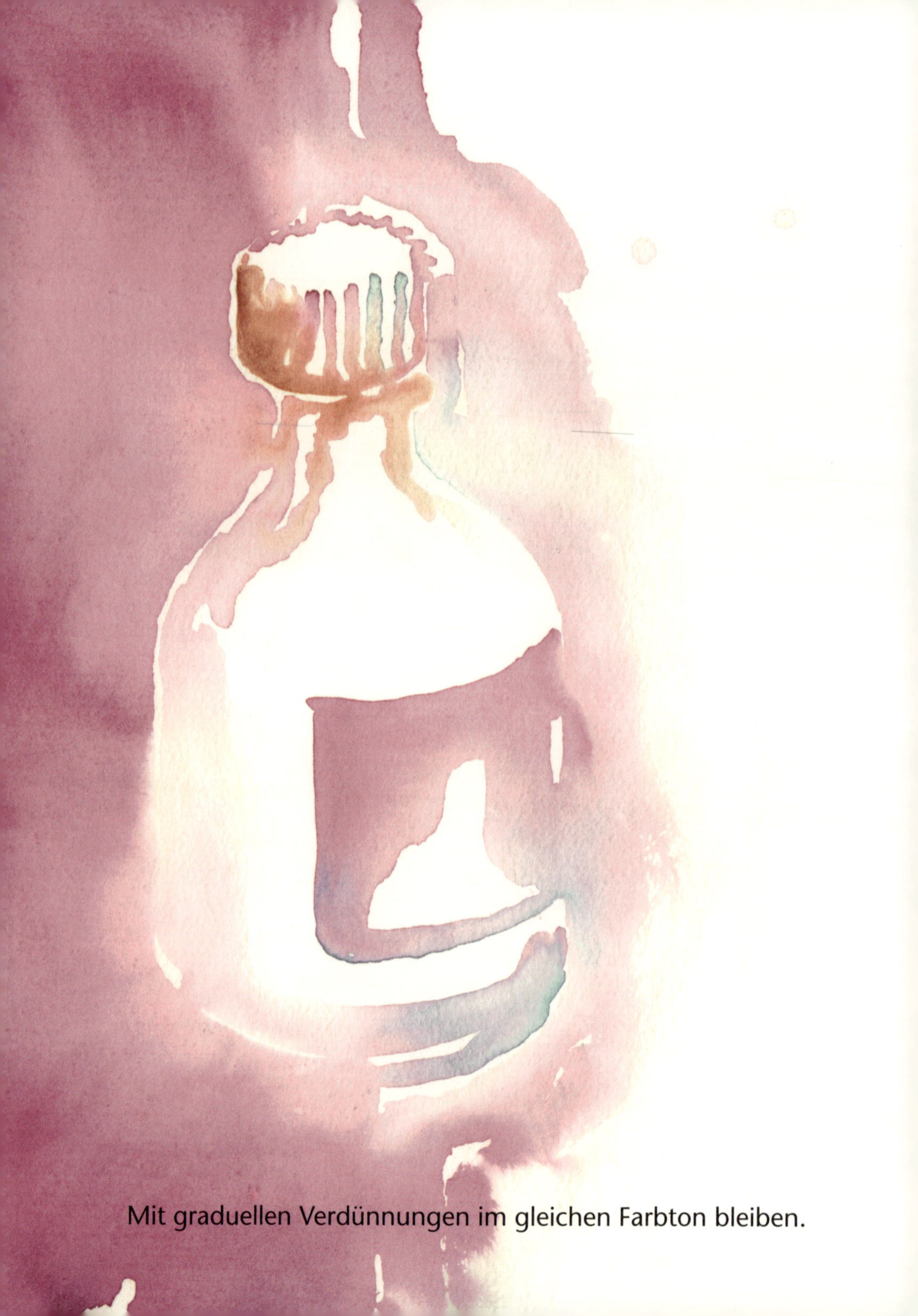

Mit graduellen Verdünnungen im gleichen Farbton bleiben.

Der rote Ton vereinheitlicht die Buntfarben.

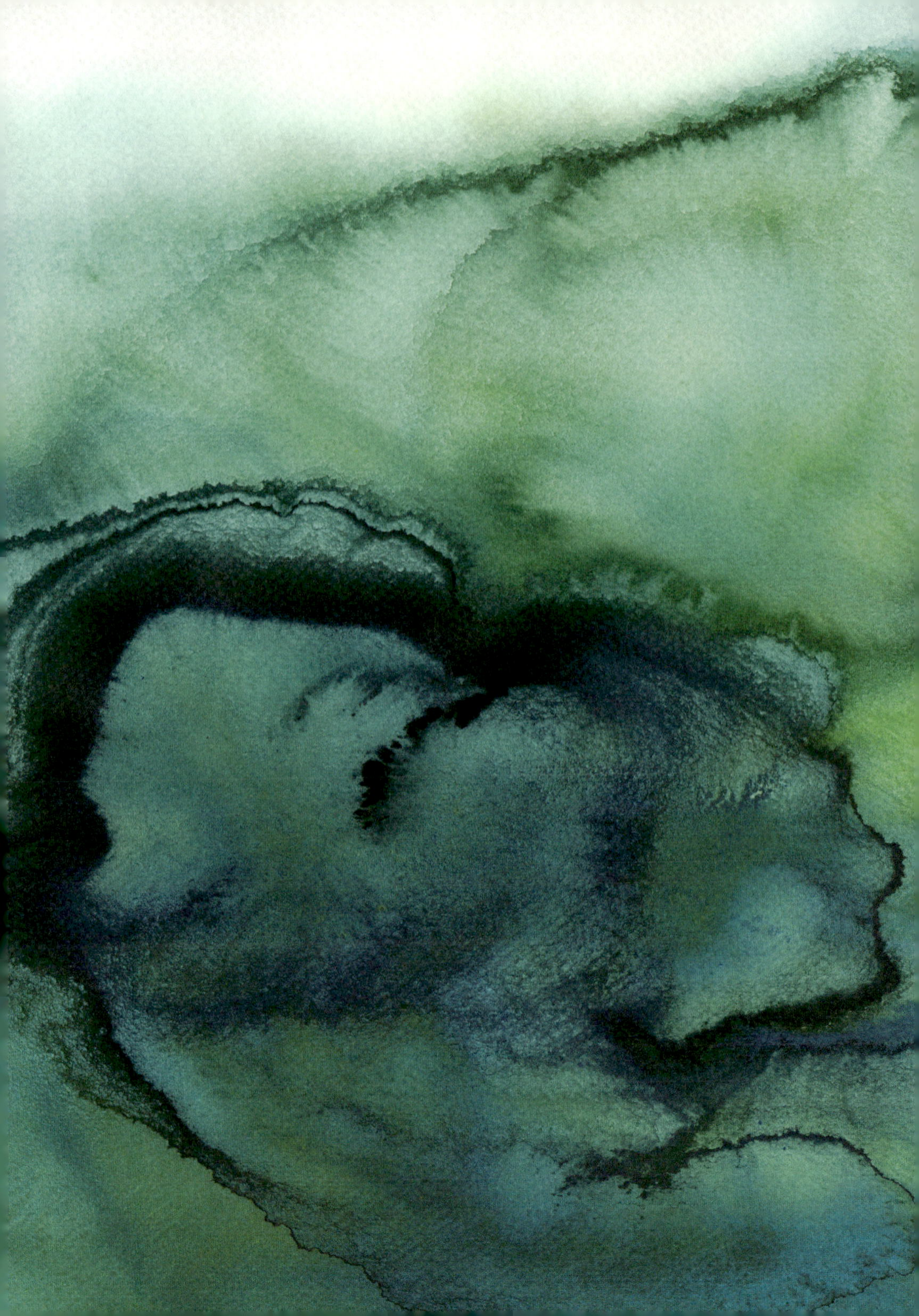

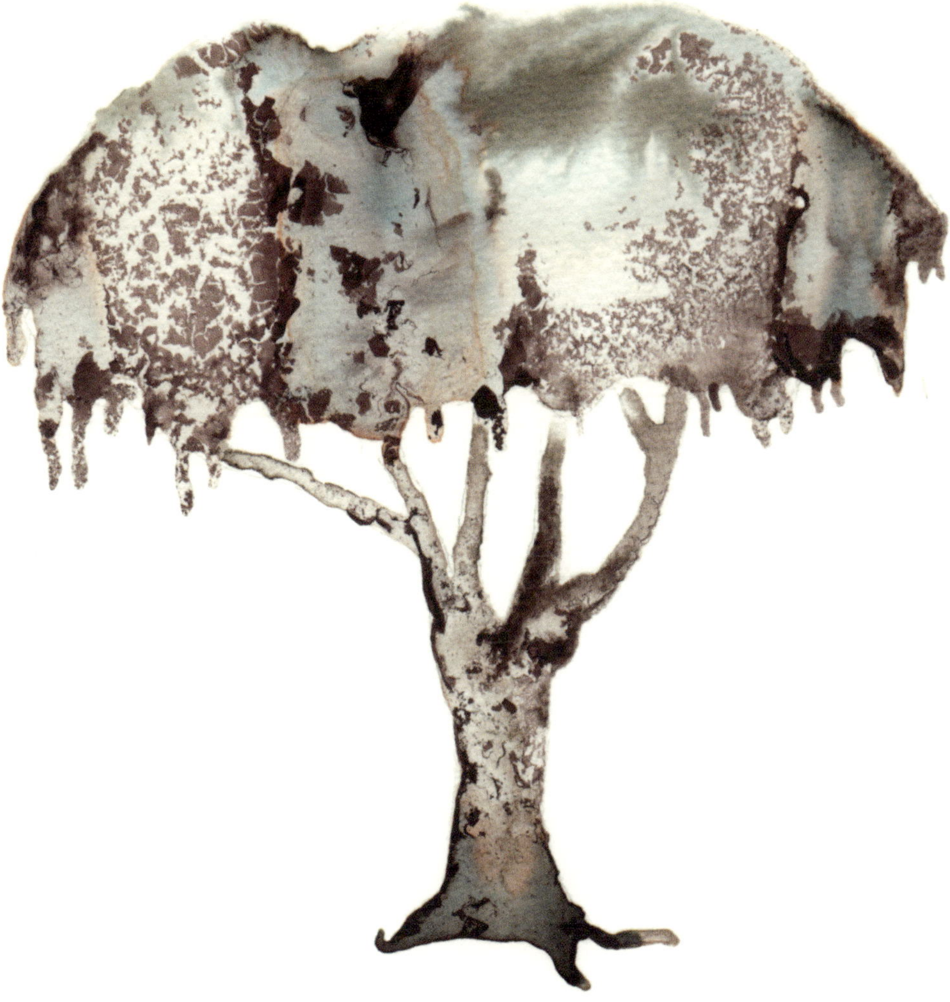

Tuschen, die durch Zugabe von Wasser die Farbtöne verändern.

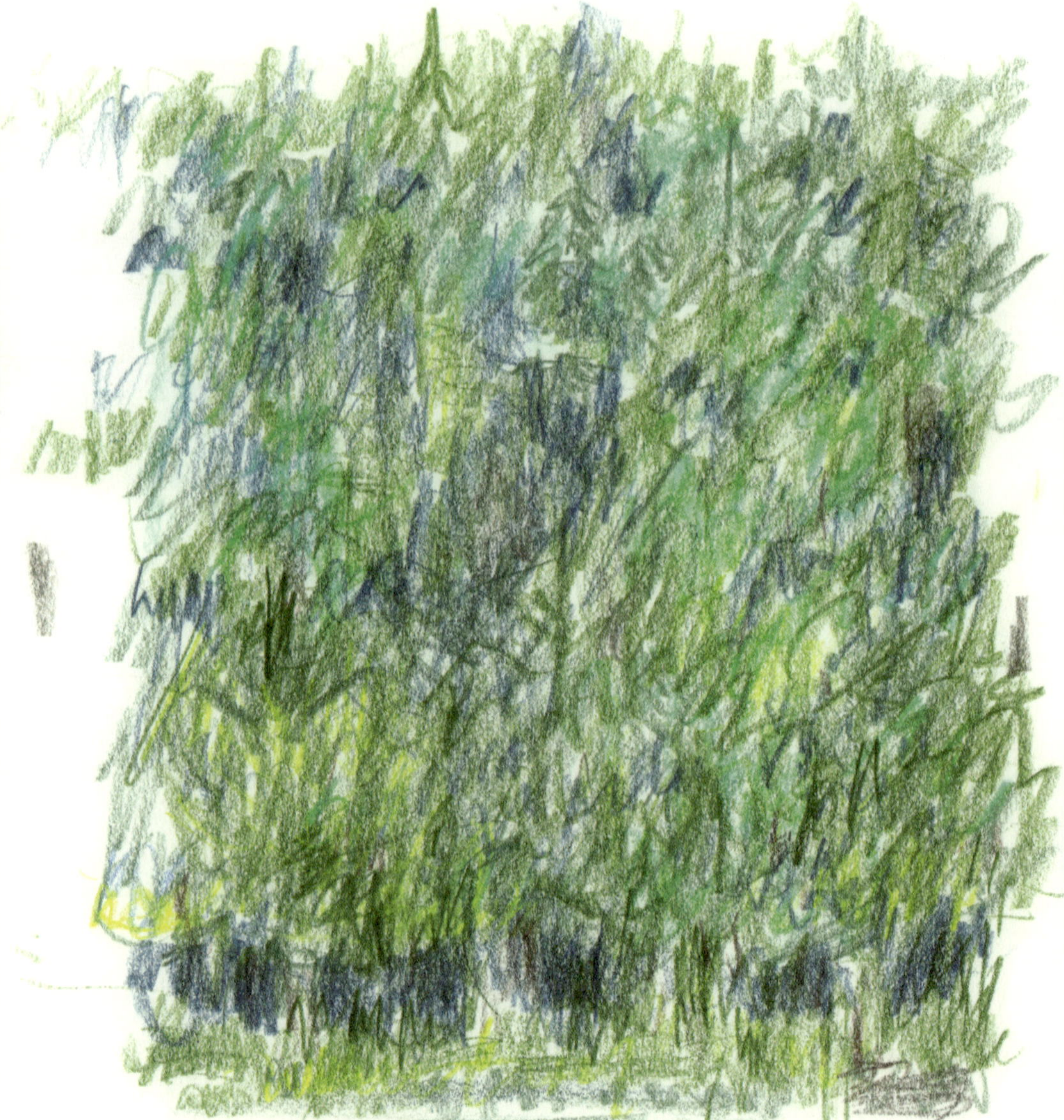

Viele natürliche Strukturen variieren in einem Farbbereich.

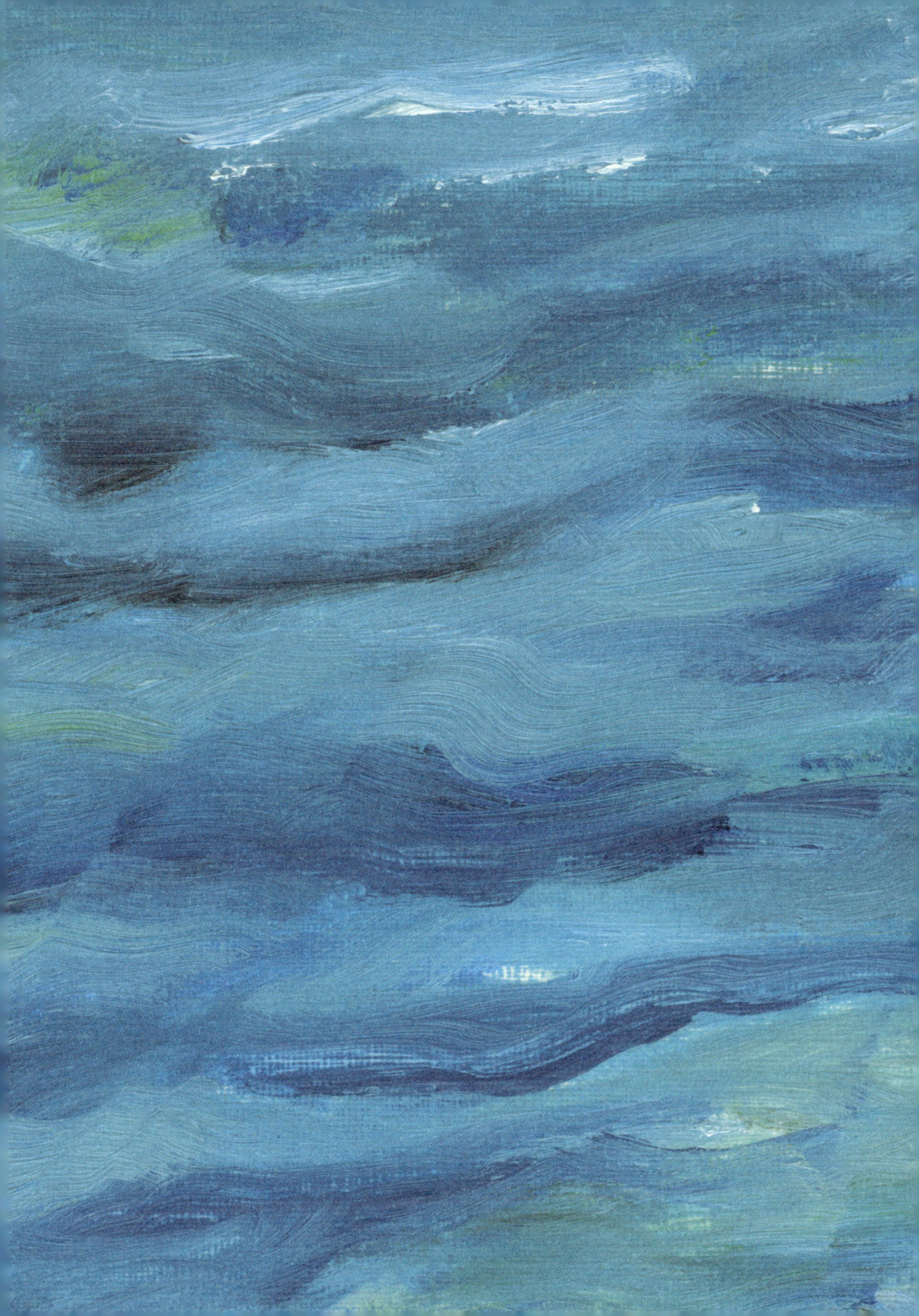

Farbe brechen

Reine Farben kommen in der Natur relativ selten vor: Gestein, Sand und Erde weisen vielfältige Schattierungen an Braun- und Grautönen auf; je nach Licht auch Gewässer, Wolken und viele Pflanzen. Werden den Buntfarben ihre jeweilgen Komplementäre beigemischt, büßen sie zunehmend an Reinheit und an Strahlkraft ein. Zahlreiche Mischtöne entstehen, die sich fein aufeinander abstimmen lassen: ein breites Spektrum an unaufgeregten, aber lebendigen und als echt empfundenen Farben. Weil sie durch die Mischung aller drei Grundfarben bzw. zweier Sekundärfarben entstehen, nennt man sie Tertiärfarben. Sie erst erlauben es den reinen Signalfarben sich hervorzutun.

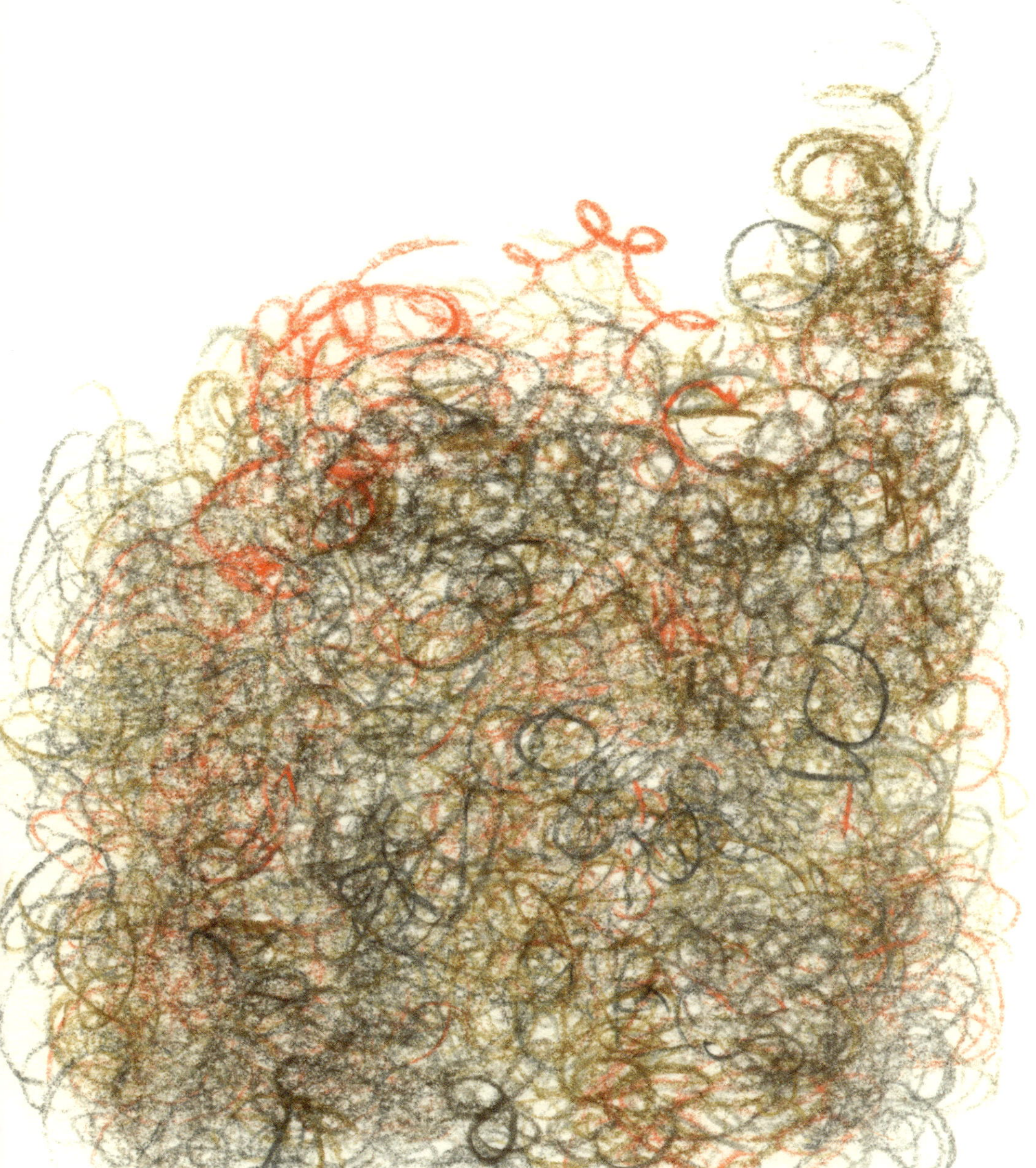

Rot und Grün verhaken sich ineinander im Gewirr.

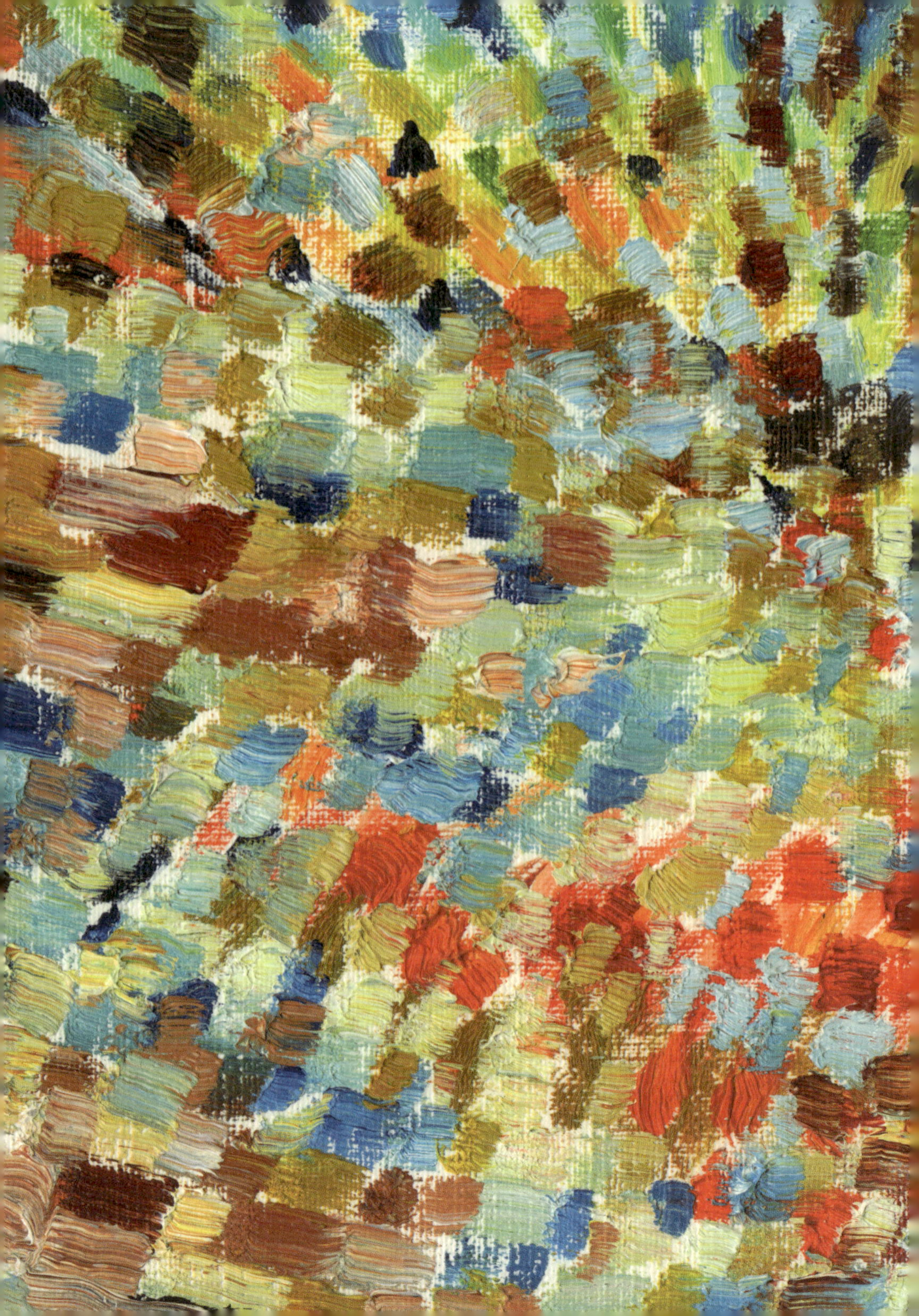

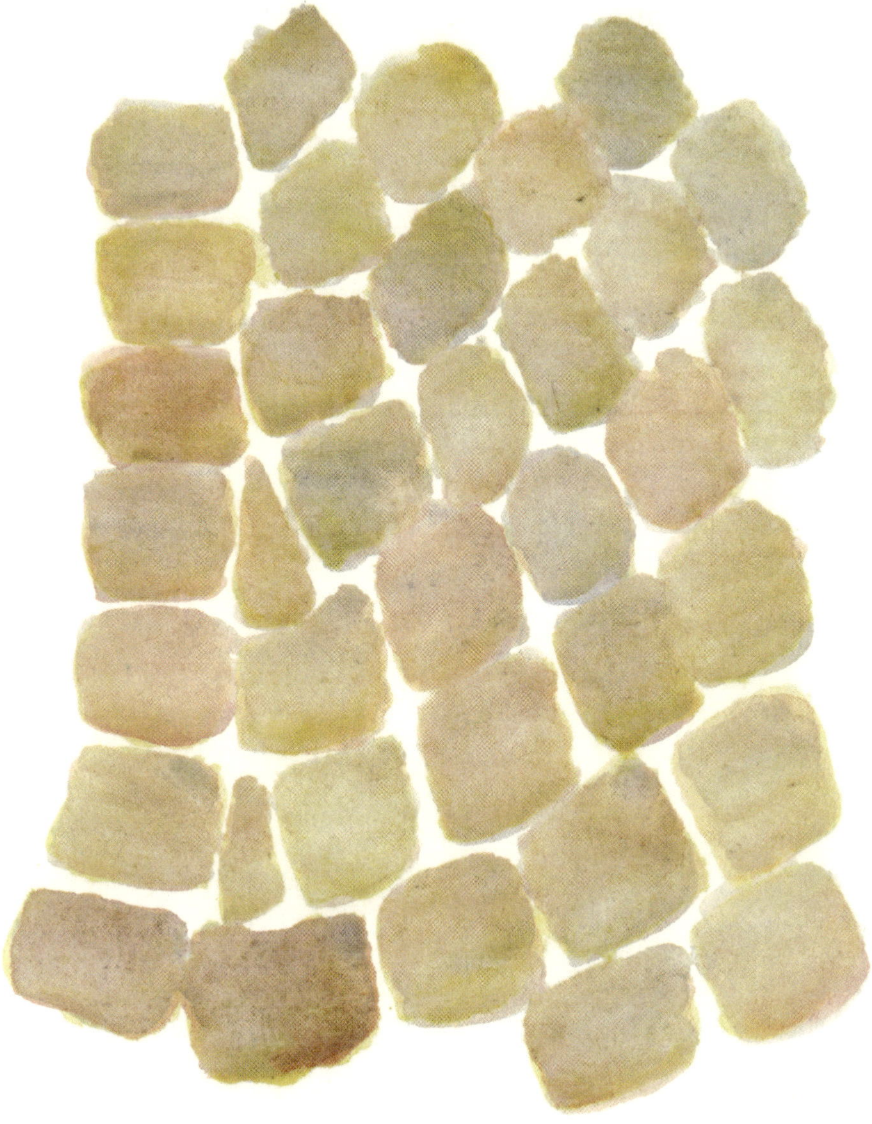

Die Farben brechen im Nebeneinander- oder im Übereinanderliegen.

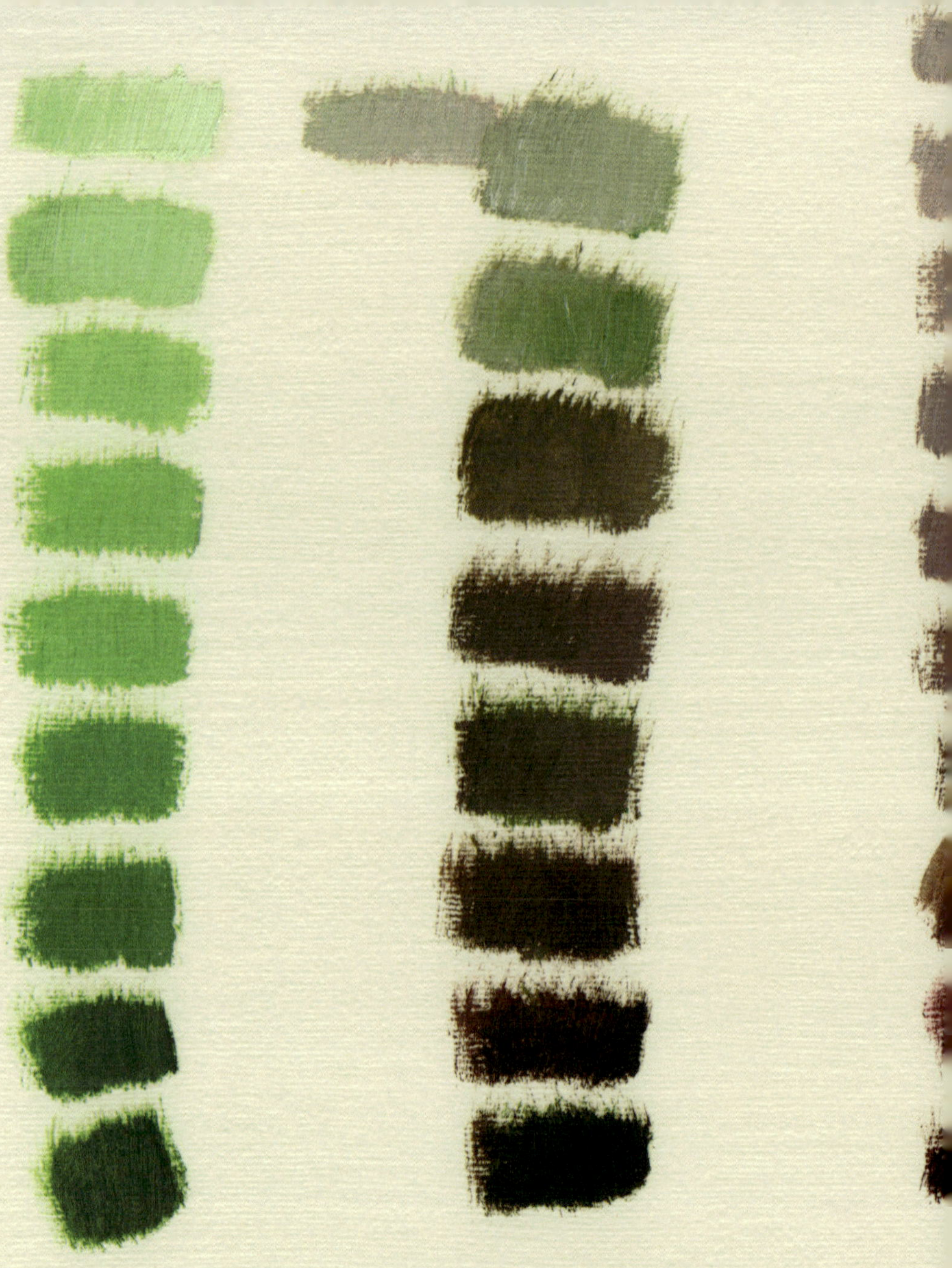

Die Farben werden durch Zugabe der Komplementärfarbe in ihrer Reinheit gebrochen und verlieren an Leuchtkraft.

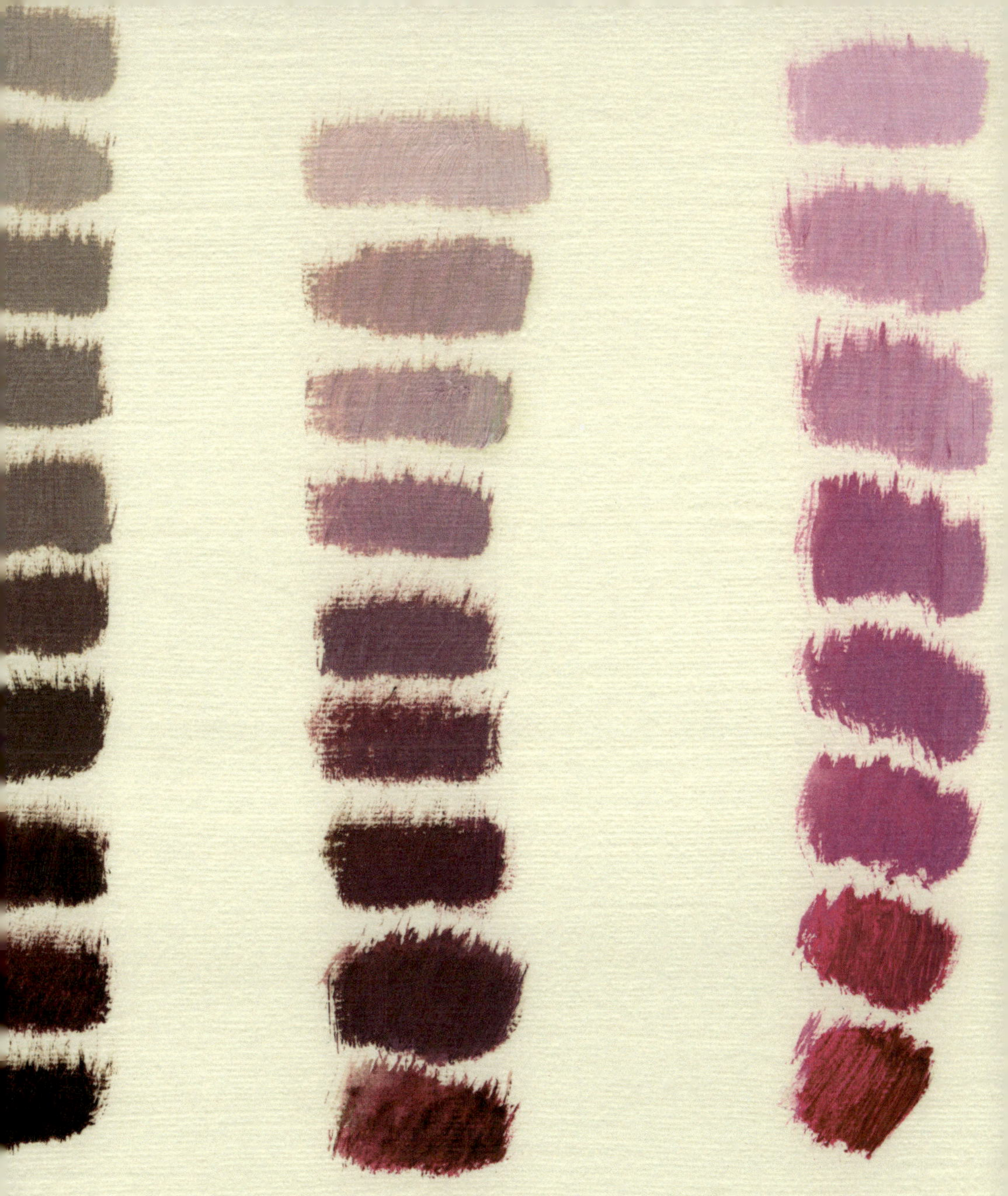

In der Mitte zwischen Rot und Grün liegt Graubraun.

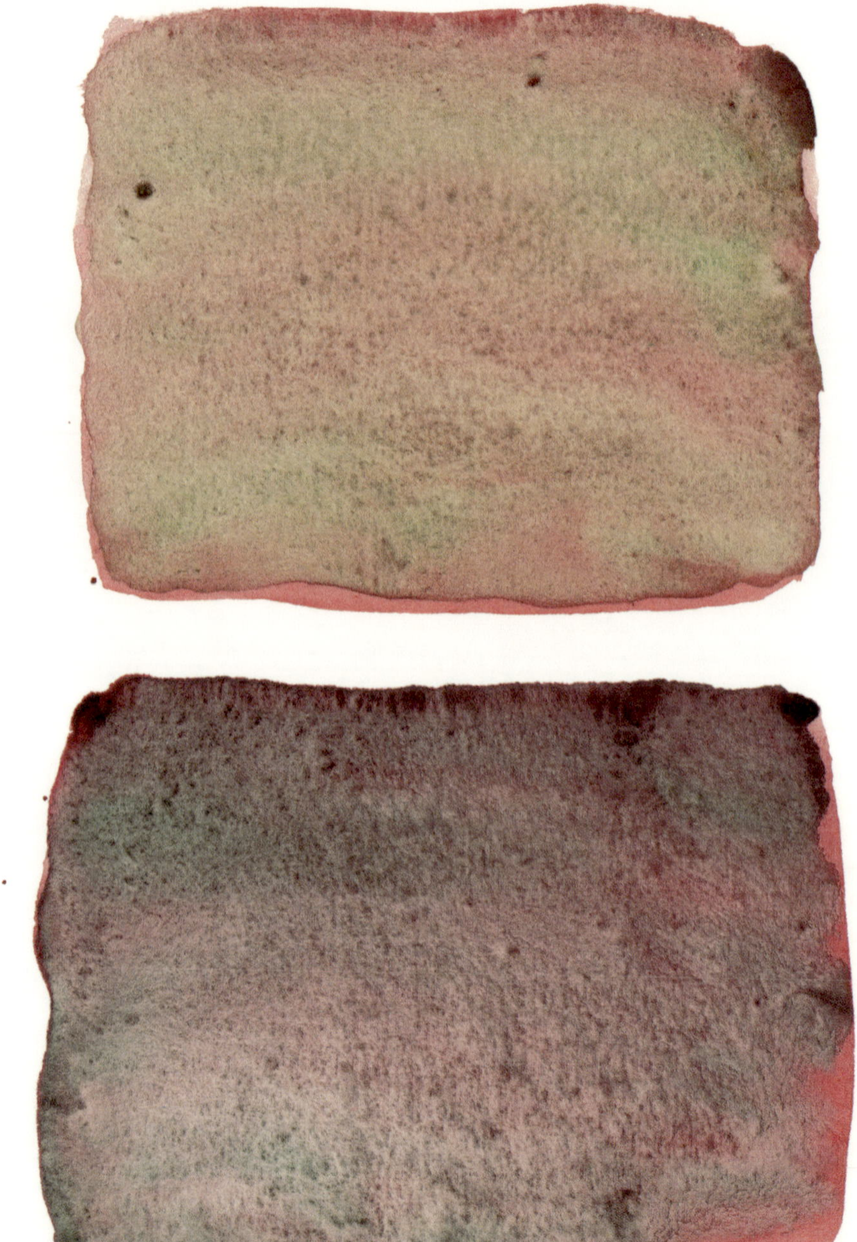

Delikates Rot am Rande.

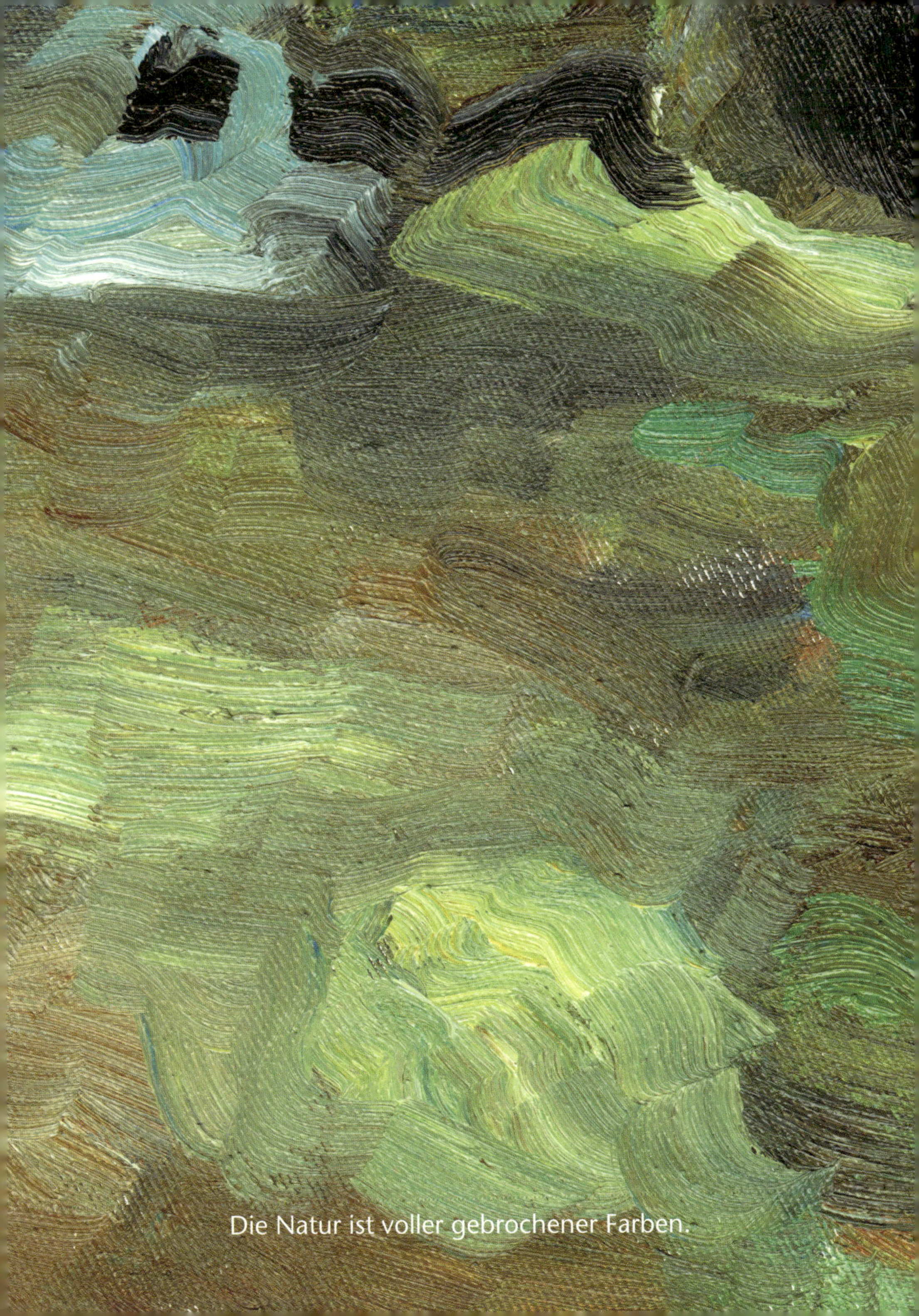

Die Natur ist voller gebrochener Farben.

Reinheit ist eher die Ausnahme.

In Farbe versinken

Mit Farben zu arbeiten, ist ein sinnliches Vergnügen. Geschmeidige und feucht glänzende Farbwulste werden aus Tuben herausgedrückt, sie riechen warm nach Leinöl und Jahrhunderten an Malereigeschichte. Das Bildermachen ist ein Vorgang des Sichtbarmachens von Ideen, Konzepten oder Vorstellungen. Dabei verbindet sich Erfahrung mit Erleben und Emotion mit technischem Können. Wahrnehmen, Denken und Handeln werden ausbalanciert und alle Entscheidungen verdichten sich in einem Prozess mit einer ganz eigenen Dynamik zum Bild. Das Ergebnis unterscheidet sich oft von der ursprünglichen Vorstellung, denn das Bild entwickelt sich erst in der Unmittelbarkeit des Tuns. Jede Schicht, über eine andere gelegt, ist das Resultat getroffener Entscheidungen und verdeckt das, was bis eben noch sichtbar war. Jede neue Schicht heißt auch, das Bisherige war vorläufig, so noch nicht stimmig. Wie bei Sedimentschichten bildet sich in der Farbe die durchlebte Zeit ab.

Das Gefühl der Entgrenzung beim Blick in eine gleichförmige Weite: kein Maßstab und kein Halt fürs Auge.

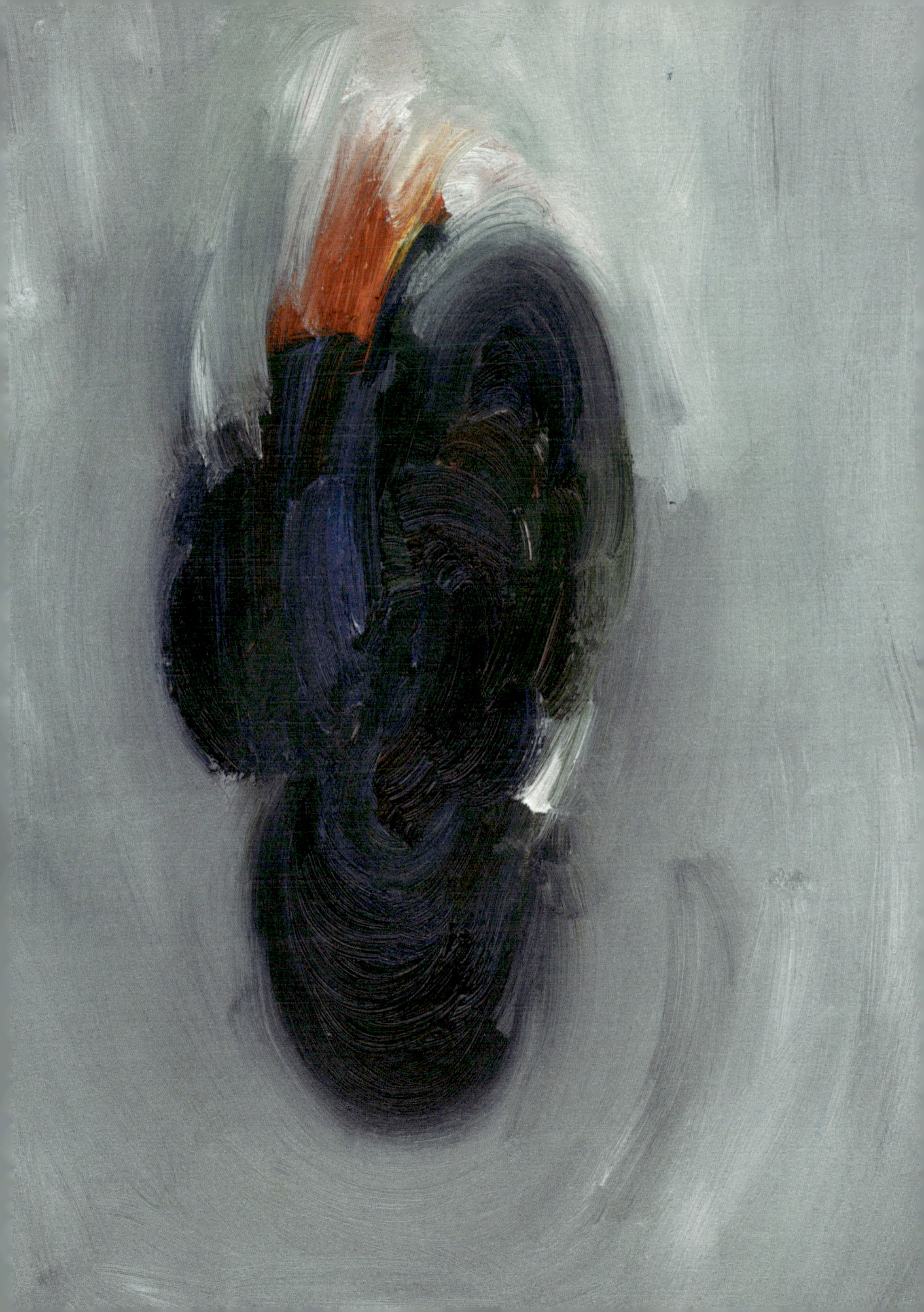

Entkörperlichung der Farbe und Auflösung des Raums.

Gewöhnlich werden Aquarellfarben zart und dünn aufgetragen. Hier dagegen verdichtet sich die Farbe durch viele übereinandergelegte Schichten und zieht den Blick von der Oberfläche in die Tiefe hinein.

Malen: Meditation oder Abenteuer?

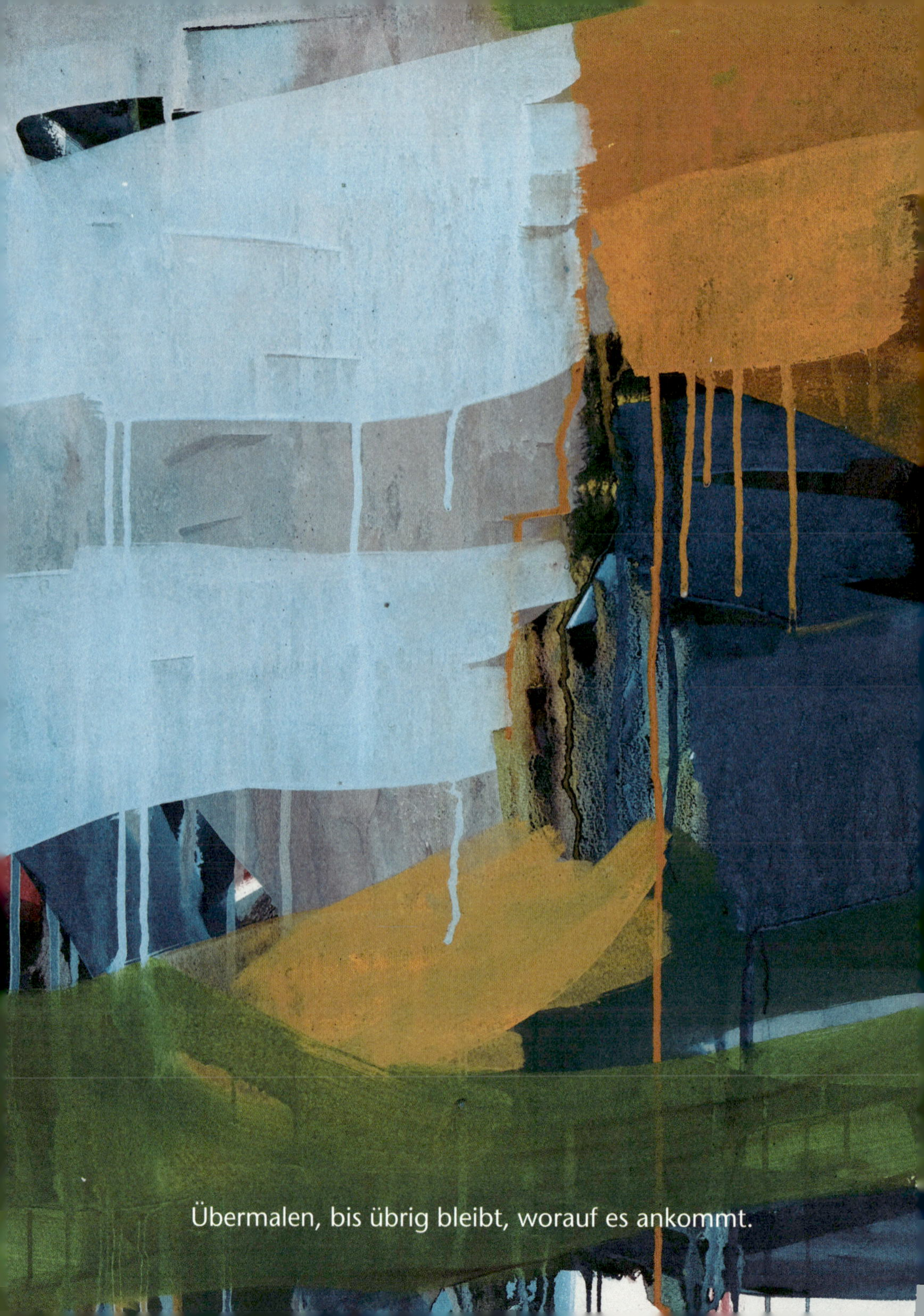
Übermalen, bis übrig bleibt, worauf es ankommt.

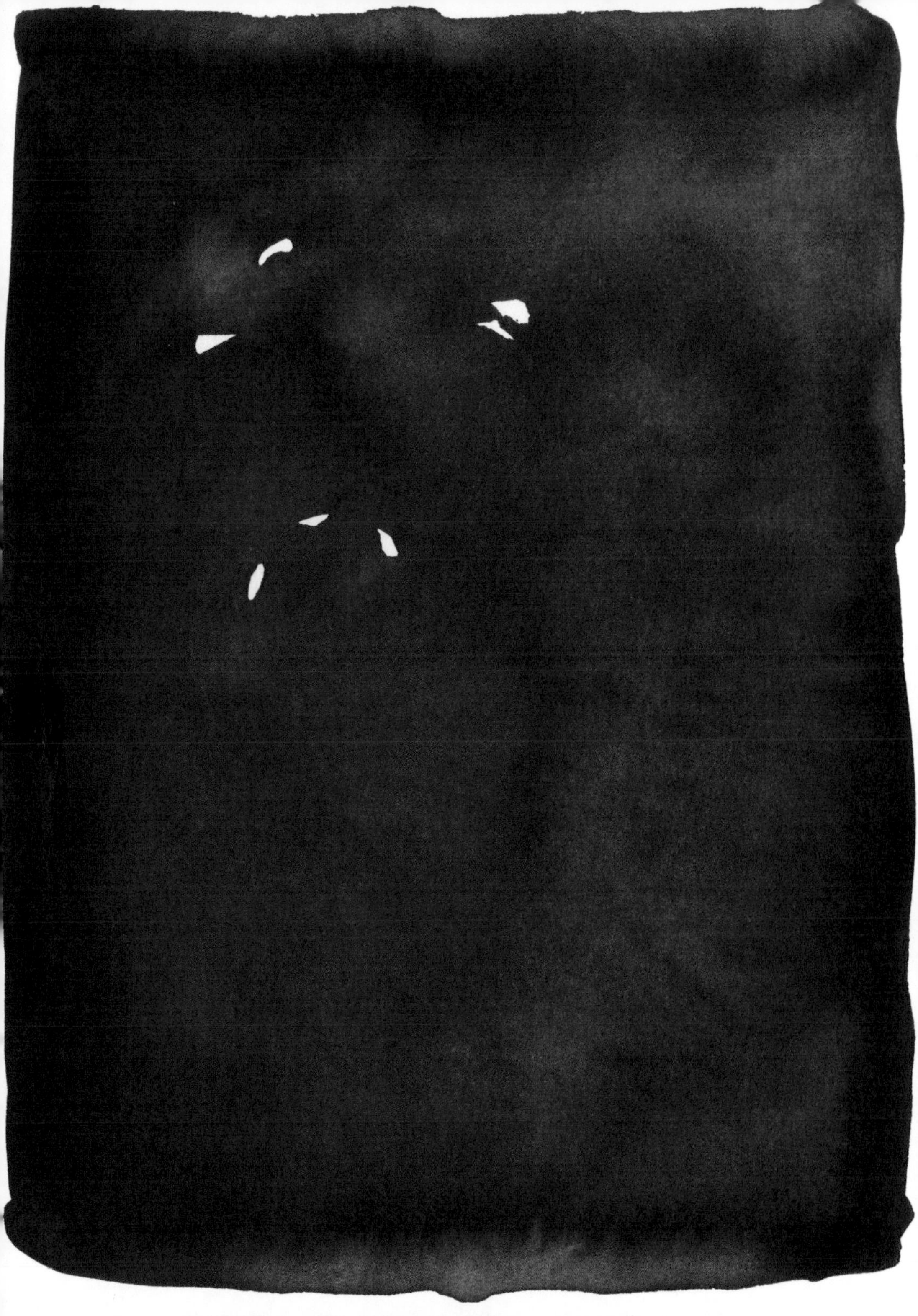

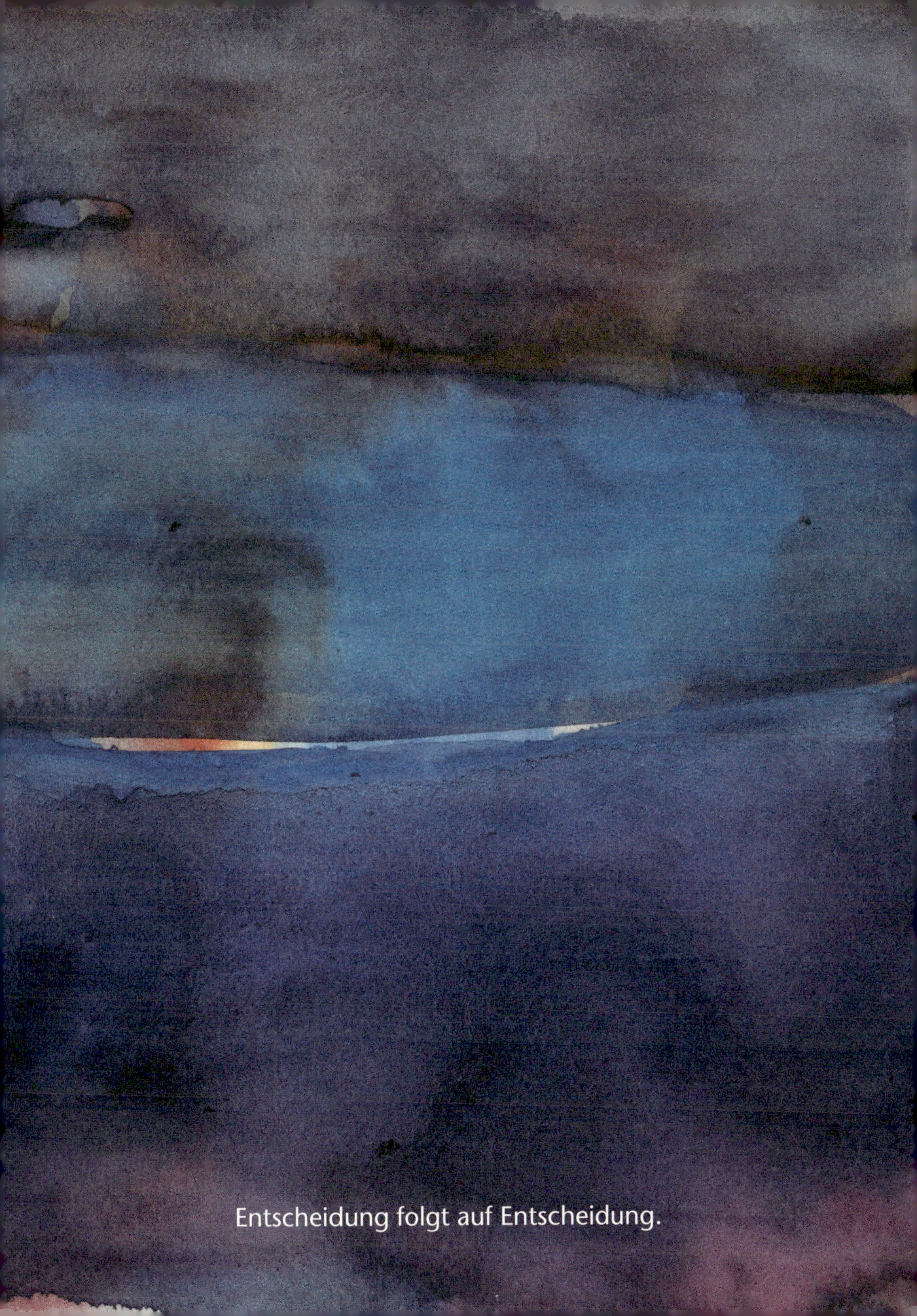

Entscheidung folgt auf Entscheidung.

Glossar

Die Auswahl der hier aufgeführten Begriffe ist davon geprägt, welche Rolle Farben in der Kunst, speziell in der Malerei, spielen und ist keineswegs erschöpfend.

Absorption und Reflexion

Damit wir einen Gegenstand farbig sehen, muss ein Teil des auf ihn treffenden Lichts reflektiert und ein Teil absorbiert, also verschluckt werden. Die spezifische Beschaffenheit der Oberfläche bestimmt das Reflexionsverhalten der Lichtwellen unterschiedlicher Farben. Wird sie mit weißem Licht (also einer Mischung aller Lichtfarben) angestrahlt und verschluckt sie sämtliche außer der roten Lichtwellen, die dann reflektiert werden, erscheint die Oberfläche rot. Wird dieselbe Oberfläche mit grünem Licht angestrahlt, werden keine Lichtwellen reflektiert, wir sehen eine schwarze Oberfläche.

Additive Farbmischung

Die Mischung von farbigem Licht, das Mischergebnis der Grundfarben ist Weiß.

Ausdrucksfarbe

Wird in der Malerei die natürliche Farbe einer gemalten Sache übersteigert, verändert oder gar umgekehrt, um sie dadurch emotional aufzuladen, spricht man von Ausdrucksfarbe. Van Gogh beeinflusste mit seinem Farbverständnis die Expressionisten maßgeblich, was sich auf seinen Gebrauch intensiver, reiner Farben zurückführen lässt, die einen starken, fast autonomen Ausdruckscharakter haben.

Autonome Farben

Lösen sich Farben von jeder abbildenden Funtkion, dienen sie also nicht mehr dazu, die Farbe eines Gegenstandes zu bezeichnen, stellen sie nur noch sich selbst dar. Die Farbe gewinnt an Eigenständigkeit, an Autonomie. So ist der Begriff der autonomen Farbe auch eng mit den verschiedenen Konzepten der Abstraktion verbunden. Allerdings ist der Begriff im Hinblick auf die Malerei auch nur selten absolut zu verstehen, da es viele Verwendungen von Farbe gibt, die in ihrer Tendenz zur Autonomie neigen, ohne ganz dort anzukommen, denn dann dürften sie letztlich nicht einmal Assoziationen oder Gefühle auslösen.

Bindemittel

Dienen dazu, Pigmente mit dem Bildträger fest zu verbinden. Die Wahl des Bindemittels hat erheblichen Einfluss auf den Charakter der Farberscheinung und auf die maltechnischen Eigenschaften. Leinöl, Mohnöl – Ölfarben; Plextol® – Acrylfarben; Gummiarabikum – Aquarell; Ei – Tempera.

Buntart

Die Unterscheidung einer Farbe nach ihrem Farbton, also zum Beispiel nach Rot, Gelb, Blau.

CMYK
Cyan, Magenta, Gelb und Schwarz sind die Ausgangsfarben für den Vierfarbdruck.

Darstellungswert und Eigenwert
Darstellungs- und Eigenwert sind Gegensätze. Mit dem Darstellungswert einer Farbe wird ihr Vermögen bezeichnet, die realen Oberflächen gemalter Dinge zu charakterisieren. Dagegen besitzt eine Farbe einen hohen Eigenwert, wenn sie so selbstständig wirkt, dass sie über das dargestellte Objekt dominiert.

Erscheinungsfarbe
Abhängig von den Besonderheiten des Lichts, verändern sich die Farben der Dinge. Ein Umstand, den bereits Aristoteles in *De Coloribus* beschrieb. Eben noch grüne Wiesen erscheinen bei Sonnenuntergang in einem warmen Braun. Die Impressionisten sind bekannt für ihre konsequente Hinwendung zu Erscheinungsfarben, etwa das Malen von blauem Schnee.

Farbenblindheit
Farben sehen zu können, ist schön, aber nicht unbedingt überlebenswichtig. Auch in Schwarz-Weiß könnten wir die Welt differenziert visuell wahrnehmen. Verbreitet sind selektive Farbsehschwächen, etwa Gelb-Violett- oder häufiger Rot-Grün-Blindheit. Dabei verlieren sich rote Kirschen im Grün des Baums.

Farbsymbolik
Die symbolischen Bedeutungen von Farben sind kulturell höchst unterschiedlich und veränderten sich im Laufe der Zeit. Zum Beispiel hat die Farbe Blau in der Moderne eine zentrale Bedeutungsänderung erfahren: Durch die Raumfahrt gewannen wir ein neues Bild unserer Erde als blauen Planeten. Auch Rot wird sehr unterschiedlich verwendet: Im alten Ägypten war Rot die Farbe des Verderbens. Heute steht es für Glück, Liebe, Reichtum, aber auch für Krieg und Gewalt.

Farbtemperatur
Die als Wärme oder Kühle bezeichnete Empfindung einer visuellen Farbwahrnehmung geht zurück auf elementare Erfahrungen zum Beispiel mit Feuer, Wasser oder Eis. Dennoch sind die Konnotationen auch einem kulturellen Wandel unterworfen. Warme Farben treten optisch hervor, kühle weichen zurück.

Farbtheorien
Bereits die Philosophen der griechischen Antike versuchten Ordnung in die bunte Vielfalt zu bringen. Die erste kreisförmige Anordnung finden wir in der Neuzeit bei Newton, eine abweichende Theorie bei Goethe. Es folgen Runge, Itten, Küppers.

Grundierung

Eine Schicht zwischen Bildträger und Farbe wird als Grundierung bezeichnet. Ihre technische Beschaffenheit ist ausschlaggebend für Leuchtkraft und Haftung der Farbe auf der Leinwand. In der Ölmalerei wird meist ein weißlicher Kreidegrund verwendet, eine Mischung aus Leimwasser und pulverisierter Kreide.

Inkarnat

In der Malerei und der Skulpturenbemalung verwendete Hauttöne. In historischen Traktaten werden zur Anmischung dieser Farben differenzierte Verhältnisse von lichtem und dunklem Ocker, Rotocker, Weiß und Schwarz und für die Schattenpartien auch das Pigment grüne Erde angegeben.

Körperfarbe

Die an einem Objekt wahrgenommene Farbe, bestimmt durch seine Oberflächenbeschaffenheit. Malfarben sind Körperfarben und mischen sich subtraktiv.

Lasur

Durchscheinde, übereinandergelegte Farbschichten werden als Lasuren bezeichnet. Es gibt bestimmte Pigmente, die eher lasierend, und andere, die eher deckend auftragen. Auch vom Bindemittel, vom Verdünnungsgrad und von der Dicke einer Malschicht hängt es ab, ob der Farbauftrag lasierend oder deckend ist.

Lichtechtheit

Kriterium für die Beständigkeit eines dem Tageslicht ausgesetzten Färbemittel oder Farbpigments.

Lichtfarben

Rot, Grün, Blau. Das menschliche Auge hat für jede dieser Farben einen Zapfen. Gemischt ergeben sie Weiß. Newton entdeckte als Erster, dass sich weißes Licht in additiver Farbmischung aus allen Spektralfarben zusammensetzt. In Erscheinung treten sie am Glasprisma und im Regenbogen.

Lösungsmittel

Um Farben zu verdünnen, werden je nach Bindemittel unterschiedliche Lösungsmittel verwendet: Terpentin für Ölfarben, Wasser für Gouache- oder Aquarellfarben.

Lokalfarbe

In der Malerei die Darstellung eines Gegenstandes in der ihm eigenen Farbe bei weißem Licht: eine rote Tomate, eine gelbe Zitrone. Schatten verändern die Lokalfarben hin zu Erscheinungsfarben.

Monochrom
Einfarbige Bilder bezeichnet man als monochrom. Was zunächst sehr einfach erscheint, geht in der Kunst des 20. Jahrhunderts auf komplexe Entscheidungen zu immer radikalerer Reduktion zurück. Dahinter steht die Ambition, die Farbe in ihrer ganzen Reinheit darzustellen, sie von jeder Bedeutung zu befreien und dem Betrachter einen vollkommenen Farbraum vorzustellen. Dabei stellt sich dann die Frage nach dem Bildbegriff, also danach, was ein Bild eigentlich sei.

Palette
Sie hat zweierlei Bedeutung: Zum einen ist sie der Träger, also ein Teller, ein Stück Holz oder Plastik, auf dem der Maler seine Farben anordnet, mischt und verdünnt, bevor er sie auf das Bild überträgt. Zum anderen spricht man bei der Palette aber auch von den wesentlichen in einem Bild verwendeten Farben.

Pastos
Eine dicke Farbschicht, gelingt besonders gut mit Ölfarben.

Pigment
Ein meist pulvriger Stoff zur Farbherstellung. Pigmente könnnen direkt aus Erden und Mineralien gewonnen oder chemisch hergestellt werden. Lapislazuli ist ein besonders kostbares Pigment, das aber mit der Herstellung von künstlichem Ultramarin stark an Bedeutung eingebüßt hat. Von Pigmenten zu unterscheiden, sind Farbstoffe wie etwa der echte Purpur, ein Sekret aus der Purpurschnecke.

Primärfarben
Die primären Lichtfarben Rot, Grün und Blau bilden die Grundlage für alle optischen Mischungen, die primären Pigmentfarben Cyan, Magenta und Gelb sind die Grundfarben für subtraktive Mischungen.

Qualitätskontrast
Die Gegenüberstellung reiner, gesättigter Farben mit getrübten Farben.

RGB
Die Bildaufzeichnung und -wiedergabe durch die Mischung der drei primären Lichtfarben Rot, Grün und Blau, etwa bei Monitoren, Scannern und Digitalkameras.

Sättigung
Die Intensität einer Farbe kann durch Trübung mit Schwarz oder Grau oder durch Aufhellung mit Weiß verringert werden. Pastelltöne sind mit Weiß vermischte, also wenig gesättigte Farben.

Sekundärfarben
Die Farben, die aus der Mischung jeweils zweier Primärfarben entstehen. Beim Mischen gleicher Anteile von Körperfarben ist die entstehende Sekundärfarbe zugleich eine primäre Lichtfarbe, zum Beispiel Grün als Mischergebnis aus Cyan und Gelb.

Simultankontrast
Farben ändern sich durch ihre Nachbarschaft. Derselbe Farbton wirkt vor dunklem Hintergrund heller als auf Weiß, warme Hintergrundfarben machen die Farbe kühler und umgekehrt. Wer aus einem intensiv grün beleuchteten Raum heraus auf eine weiße Wand blickt, nimmt diese als rötlich wahr. Diese unterschiedlichen Wirkungen ein und derselben Farbe liegen im menschlichen Sehen begründet, das die Unterschiede stärker wahrnimmt als die exakten Farbwerte.

Subtraktive Farbmischnung
Die Mischung von Pigmentfarben, das Ergebnis ist dunkler als die Ausgangsfarben. Die subtraktive Mischung der Grundfarben ergibt ein dunkles Grau.

Sukzessivkontrast
Ein ähnliches Wahrnehmungsphänomen wie der Simultankontrast, nur mit zeitlicher Verzögerung. Wer nach einem intensiven Farbeindruck auf eine weiße Fläche schaut, sieht darin die Komplementärfarbe zum ersten Farbeindruck. Dieser Effekt beruht auf der Eigenschaft unseres Gehirns, starke visuelle Reize auszugleichen.

Synästhesie
Das Übertragen eines Sinneseindrucks auf einen anderen Sinn, zum Beispiel die Wahrnehmung des Klangs von Farben. Kandinsky verband synästhetische Wahrnehmungen in malerischen Konzepten zur Abstraktion.

Tertiärfarben
Die durch subtraktive Mischung aus allen drei Grundfarben entstehenden Farbtöne, die in ihrer Mehrzahl Varianten von Braun darstellen.

Tonwert
Helligkeit; die Einordnung einer Farbe nach ihrer Position auf einer Skala zwischen Schwarz und Weiß.

Wellenlänge
Im Farbspektrum ist das sichtbare Licht seiner Wellenlänge entsprechend von Rot über Orange, Gelb, Grün, Blau bis zu Violett aufgefächert. Überlagern sich unterschiedlich lange Lichtwellen, mischt sich die Farbe additiv.

Bisher erschienen von Tim Proetel und Peter Boerboom im Haupt Verlag:

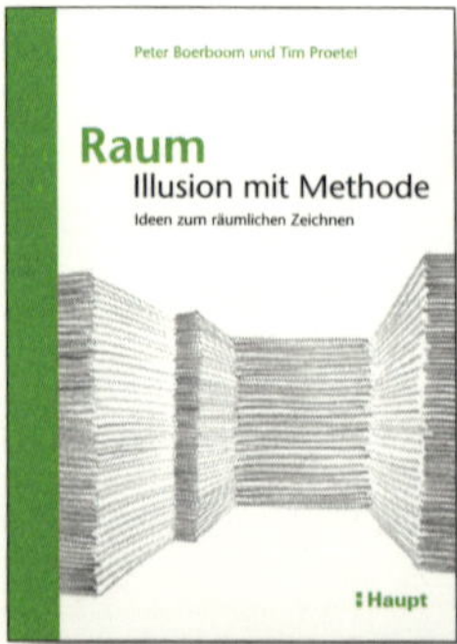

Es ist so banal wie verblüffend: Richtig gesetzt, erzeugen wenige Striche auf Papier bereits Räumlichkeit, genauer: die Illusion von Raum. Das Interesse am räumlichen Zeichnen mag zunächst der Absicht entspringen, die sichtbare Wirklichkeit abzubilden. Tiefe zu erzeugen, ist jedoch ein faszinierendes Thema in jeder bildnerischen Gestaltung.

Raum: Illusion mit Methode. 160 Seiten, gebunden, 978-3-258-60065-9

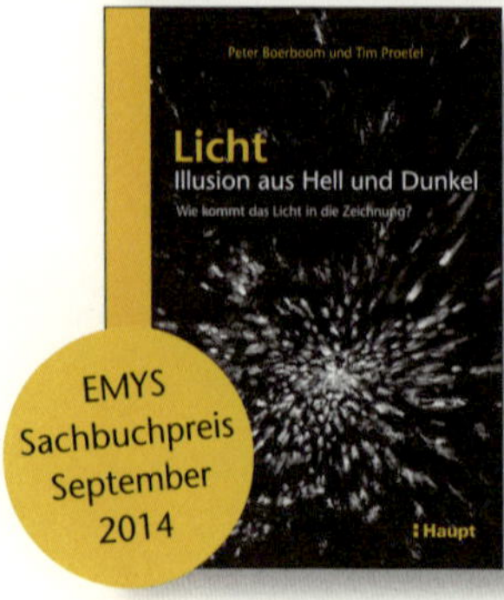

Ebenso das Licht. Es zu zeichnen, ist zunächst widersinnig; denn das weiße Papier ist schon hell, jeder Strich macht es dunkler, als es ist. Doch Licht im Bild ist viel mehr als reine Helligkeit. Erst die Schatten, der Wechsel aus Hell und Dunkel, gestalten es, schaffen Raum und Atmosphäre. Die Beleuchtung bestimmt, was gesehen oder erahnt wird – und was verborgen bleibt.

Licht: Illusion aus Hell und Dunkel. 176 Seiten, gebunden, 978-3-258-60074-1

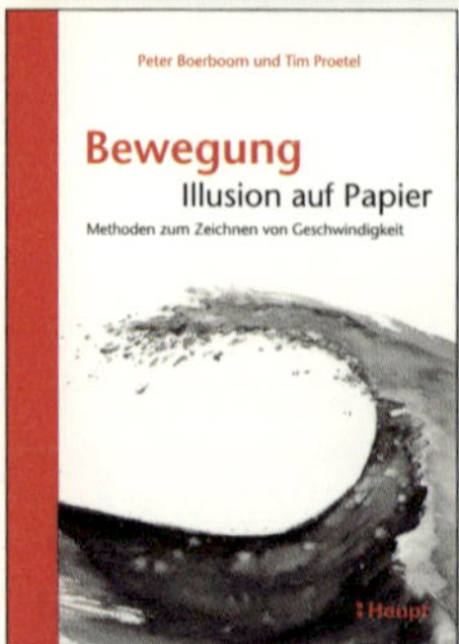

Obwohl gezeichnete Striche sich nicht verändern, sehen wir in ihnen Bewegung und den lebendigen Verlauf von Zeit. Einfache Methoden bringen die Dinge in Schwung: verwischte, unscharfe oder aufgelöste Bereiche, das Wissen um die Schwerkraft und das Spiel mit dem Zeichenmaterial. Impulsive Linien unterscheiden sich von zögerlichen, die große Geste zeigt sich anders als der suchende Strich.

Bewegung: Illusion auf Papier. 192 Seiten, gebunden, 978-3-258-60108-3

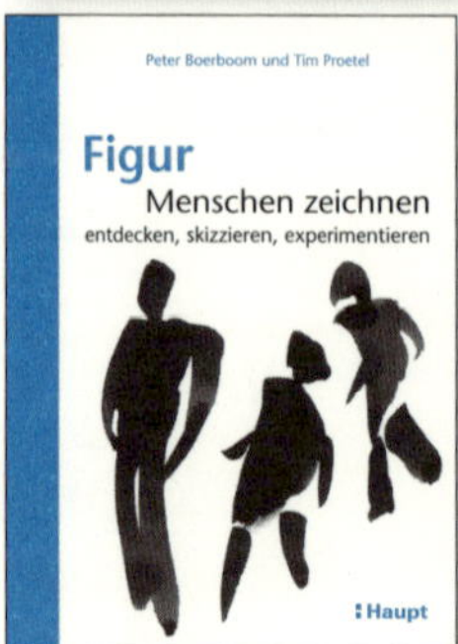

Ein Bild des Menschen zu machen, ist ein nie endendes Thema in der Kunst; unsere Abbilder überdauern, erzählen von unserer Zeit, unserem Leid und unseren Träumen. Eine Figur zu skizzieren, heißt, sie einzufangen, sie wie einen flüchtigen Gedanken zu fixieren und auf ein Blatt Papier zu bannen. Die Sammlung an spielerischen Methoden lädt Einsteiger und Profis ein, die Lust am figürlichen Zeichnen zu entdecken und selbst loszulegen.

Figur: Menschen zeichnen. 192 Seiten, gebunden, 978-3-258-60137-3

Tim Proetel und Peter Boerboom studierten zwischen 1991 und 1998 an der Akademie der Bildenden Künste München bei Prof. Sauerbruch. Es verbindet sie eine lange Freundschaft, die immer wieder zu gemeinsamen Arbeiten führt. Das vorliegende Buch ist das jüngste Ergebnis ihrer Zusammenarbeit, vieler Zeichnungen und Diskussionen darüber. Vier Bände zu Raum, Licht, Bewegung und Figur sind bereits erschienen, weitere Bände zu neuen Themen sind im Entstehen. www.zeichenbuecher.de

Tim Proetel ist Seminarlehrer für Kunst am Wittelsbacher Gymnasium in München und Referent für Kunst am Staatsinstitut für Schulqualität und Bildungsforschung (ISB) in München.

Peter Boerboom studierte außerdem Kommunikationsdesign an der Fachhochschule für Gestaltung in München. Er ist Gründungsmitglied der Künstlergruppe *Department für öffentliche Erscheinungen* und realisiert gemeinsam mit Carola Vogt Kunst- und Fotografieprojekte.

Zeichnungen, Bilder, Gestaltung und Satz:
Tim Proetel, D-München und Peter Boerboom, D-Münsing
Lektorat: Heidi Müller, Haupt Verlag, CH-Bern

Diese Publikation ist in der Deutschen Nationalbibliografie verzeichnet.
Mehr Informationen dazu finden Sie unter http://dnb.dnb.de

ISBN: 978-3-258-60167-0

www.haupt.ch

Der Haupt Verlag wird vom Bundesamt für Kultur mit einem Strukturbeitrag für die Jahre 2016–2020 unterstützt.

Wünschen Sie regelmäßig Informationen über unsere neuen Titel zum Gestalten? Möchten Sie uns zu einem Buch ein Feedback geben? Haben Sie Anregungen für unser Programm? Dann besuchen Sie uns im Internet auf www.haupt.ch. Dort finden Sie aktuelle Informationen zu unseren Neuerscheinungen und können unseren Newsletter abonnieren.

Gedruckt in Deutschland

MIX
Papier aus verantwortungsvollen Quellen
FSC® C083411